オリ・ブラフマン
ジューダ・ポラック
金子一雄 訳
早稲田大学
ビジネススクール教授
入山章栄 解説

ひらめきはカオスから生まれる

THE CHAOS IMPERATIVE

Discover

混沌《カオス》に秩序をもたらしてくれた
ヒラリー・ロバーツに捧げる

CONTENTS

はじめに――結論 5
第1章 カオスを巧みに活用する 7
第2章 穏やかなカオス 41
第3章 アインシュタインの頭脳 57
第4章 ひらめきの神経科学 101
第5章 裸でサーフィン 143
第6章 セレンディピティを促進する 175
第7章 カオスとシリコンバレー 203
第8章 カオスの五つのルール 231
解説 入山章栄 253
謝辞 264
注釈 275

はじめに――結論

アメリカの大手ＩＴ企業、シスコシステムズ社の副社長ロン・リッチによれば、人がなにかを伝えるときのスタイルには二種類あるという［1］。

一つは、ストレートに結論を先に言うタイプ。そしてもう一つは、持論を説く前に裏づけとなる実例をあれこれ披露するタイプだ。リッチは前者を「演繹《えんえき》型コミュニケーター」、後者を「帰納《きのう》型コミュニケーター」と名づけている。

私はどうやら後者のタイプのようだ。結論にまず飛びつくのはどうも性に合わない。とりわけ「混沌《カオス》」がテーマの本ならば、具体的な話をあれこれ紹介するまわり道もいいだろう。

とはいえ、演繹型コミュニケーターを自任する読者のためにも、最初にさっそく結論を示しておこう。人生であれ仕事であれ、だれにとっても「穏やかなカオス」は不可欠だ、というのが結論だ。

議題を定めない話しあいの場を設けたり、異質の人材を輪に加えたりすることのメリットは、じつは計り知れない。

小さなカオスを意識的に導入することで、思いもよらない「偶然《セレンディピティ》」が生まれる。斬新で創造的なアイディアもそうした風土から芽吹くのである。

意外にも、カオスは組織の機能を向上させる。すぐれた学校を設立し、革新的なビジネスを生み出し、私の経験が示すとおり弾力性に富んだ軍隊をも創造する。

それが結論である。

では、さっそく具体例を見ていこう。

第1章

カオスを巧みに活用する

HARNESSING CHAOS

思いを生かせ

その日、私はマーチン・デンプシー陸軍参謀総長のオフィスに座っていた。アメリカ軍の制服組トップたる統合参謀本部議長の座に彼が就任する数カ月前のことである。私になにやら相談があるというのだ。

五〇代後半、白髪を短く刈りあげ、軍服に身を包んだ彼は、どこから見てもエリート武官そのものだ。けれども会話がはじまると、思い描いていたような典型的な軍人とは少しイメージが違っていた。気さくで、文学と古典に通じ、口調も穏やかで、偉ぶるところのない、笑顔の絶えない人物だった。

私がデンプシー大将に会ったのは、バージニア州の軍事施設フォートモンロー内にある彼のオフィスである。細長い部屋を囲む壁には、いたるところに記念の額や刀剣や戦場の写真が飾られていた。

わずか三日前の私は、短パンにサンダルというお気楽な姿で、カリフォルニアの有機農園を見わたす芝生の上に座っていた。現地の友人たちに、野外音楽会の雰囲気づくりについて説いていたのだ。何百人もがスピーカーとアンプを携えて森に集い、DJが大いに盛りあげようという楽しい企画である。

少し日焼けした私は、こんどは東海岸にある軍事施設に座っている。部屋の壁にかけられた刀剣には虚飾のかけらもない。刃は鋭く、一点の曇りもなく、真実そのものだ。私はいかにも場違いなところに身を置いているような気がした。

そもそも私と軍隊のつながりといえば、ハリウッドの戦争映画と、アメリカに移住する前に故郷のイスラエルで子供のころに見た、ウージー機関銃を抱えた兵士の姿くらいのものである。ちなみに私の父は、イスラエル軍では使いものにならず、代わりに集団農場《キブツ》でバナナの生産に携わっていた。私自身もカリフォルニア大学バークリー校では平和学を専攻し、肉や魚、乳製品といった動物性の食べものはいっさい口にしない絶対菜食主義者《ビーガン》である。

その日の朝、デンプシー大将のオフィスへと向かいながら、自分は軍隊式のマナーについてよく知らないことにふと気がついた。はたして敬礼をすべきなのか（民間人はその必要はない）。「サー」と呼ぶべきなのか（愛称の「マーティ」でいいと言われた）。言葉づかいに制限はあるのか（私も彼も自由に話した）。さらには軍服を飾る「四つ星」の意味さえ知らなかったのである（ウィキペディアで「大将」の階級章だとわかった）。

私たちは、テーブルをはさんで向かいあい、心地よい茶色の革のソファに腰を下ろした。非公式の面談とはいえ、ほんの数メートル離れたところでは、七人の軍服姿のスタッフがせっせとノートにペンを走らせている。どんな奇襲にもすぐに対応できる高度な訓練を受けた兵士たちが、おじさんの家の居間でくつろぐ甥《おい》の言動を、まるで逐一記録しているかのような雰囲気だった。

「旅行中に――」と、デンプシーは切り出した。「君の最初の著作『ヒトデ型組織はなぜ強いのか』（ディスカヴァー・トゥエンティワン刊）を読ませてもらったんだ。書いた本人にぜひとも会いたい、と私はすぐに部下に伝えた。重要な手助けをしてもらえると考えたからだ」。あとで知ったことだが、テロリストに対処するために、また軍の精神を変革するために、私の理論が役立つのではないかとペンタゴンの上層部は考えたようである［訳注「ヒトデ型組織はなぜ強いのか」では、中央集権型ではない分散型の命令系統をもつ組織の例として、米軍を手こずらせたアルカイダが登場する］。

やがて、デンプシーが最高指揮官の一人として臨んだイラク戦争に話がおよんだとき、私は目の前のテーブルに置かれた、靴箱ほどの大きさの四角い木箱に気がついた。そこには心を引きつけるなにかがあった。簡素だが丹念につくられた小箱は、部屋の中にあまたある品々の中で、中身の見えない数少ないものの一つである。その中身こそが、私に協力を要請してきた理由を物語っていた。

　デンプシーは、ふたをそっと開けると、ベースボール・カードのような一枚をとり出した。しかしそこに写っていたのは、ユニフォームを着た野球選手ではなく、軍服を着た兵士の姿だった。「この箱の中には――」と彼は言った。「私の指揮のもとで死んだ、すべての兵士の写真が収められている」。木箱に刻まれた一言は、「思いを生かせ」とだけ静かに告げていた。デンプシーは、亡くなった兵士の家族たちといまでも交流をつづけているという。手渡された一枚一枚の写真は、すべてが積み重なって彼の責任の重さを象徴しているかのようだった。

　デンプシーは、部下から愛される上官でもある。よく目にするような頑固で、おれこそが正義だといった専制君主タイプではない。若いころは陸軍士官学校で英語を教え、とりわけシェイクスピアが十八番《おはこ》だったと教え子たちは語っている。

　イラク駐留中も、こんな出来事があった。彼の率いる部隊が長い任務を終え、帰国するためにクウェートとの国境で待機していたときのことだ。ファルージャで戦闘が勃発したため、さらに数カ月の残留を余儀なくされたのである。イラク戦争の中でも、とりわけ大規模で多くの命が犠牲となった戦いだ。兵士たちを前にしたデンプシーの熱弁は、いまでも語り草だという。任務は終わったが帰国は許されないことを、彼は率直に告げた。真実をとりつくろうことなく、苦しい戦況を認めることにも正直で真摯だった。

ご多分にもれず、私も軍人は国家が敵と戦うことをなにかと正当化するものだと信じていた一人だ。しかしデンプシーの口から聞かれる言葉は、知りあった多くの士官たちと同じく、どれも繊細で思慮深いものばかりだった。若い兵士の顔が語りかける写真を一枚ずつ私に手渡しながら、箱の中身はもう増やしたくないのだ、と切実に告げていた。

デンプシーは、私を前にしてこう言った。「軍隊は、すべてに硬直化して柔軟性に欠ける。なにごとも効率よりは手続きが優先だ。書類に埋もれて、斬新な発想や改革が芽を出す余地がない。妙案の葬られる墓場とまでささやかれている……」

そして、最後にこうつけ加えた。「オリ、そんな軍隊をどうやって変えたらいいと思う？」

軍隊は、多くの大規模な組織と同じく、一世紀にもわたってものごとを効率化するための運動を展開してきた。高性能な武器をつくり、死傷病兵を減らし、カリフォルニアからアフガニスタンまでの補給ルートを構築した。企業や個人の暮らしも例外ではない。あらゆる無駄をなくし、生産性に拍車をかけ、手紙よりはメールを優先し、地球の裏側に翌日までに荷物を届け、何千マイルもの距離を数時間で飛び、その飛行機が三〇分遅れたといって大騒ぎする……。私たちは効率を最大限に追求してきたが、その代償とはなんだったのだろうか。

デンプシーは、かなり差し迫った状況にあった。最初に出会った数カ月後には、地球上でもっとも強大な力をもつとされる組織の頂点に立つ身である。託された課題は、もはや軍隊は変わるべきか否かではなく、いかに変わるべきかだった。

デンプシー大将は、配下に何十万人という将兵を擁する。彼がひとたび命令を下せば、部下たちはすぐに任務を遂行する。しかし軍隊が豊かな創造性に欠け、革新性に欠けるという現実は、命令一つで変えられるものではなかった。9・11同時多発テロ事件以前、アメリカ軍をはじめ政府のあらゆる機関は、飛行機をハイジャックしてビルに突っこむテロリストの破壊力の大きさを、想像することさえできなかった。同じように、将来の有事に備えるにあたり、軍隊がそれまでの経験にだけ縛られていたなら、敵の正体とその脅威に思いをめぐらせることは不可能である。想像力をもっと働かせろ、と人びとに命じることはけっして容易ではない。

答えに躊躇《ちゅうちょ》する私を前に、デンプシーは質問の仕方を変えて同じことをたずねた。「現実世界への適応能力を高めるために、軍隊はいったいなにをすべきだと思う？」

「確固とした答えはすぐに浮かびません」。私は率直に答えた。「けれども、組織の中にもっと〝カオス〟を創造する必要があると思います。少しばかり〝ペスト〟を導入するのです」

そして私は、一つの具体例を語りはじめた。

ネズミがもたらしたルネッサンス

黒死病《ペスト》の正確な犠牲者数はわかっていない[1]。あまりにも膨大で数えられなかったのだ。わかっているのは犠牲者の割合だけである。

ロンドンは全市民の四〇パーセント、トスカーナは八〇パーセントを失った[2]。

ペストは、ネズミがアジアやアフリカの港を出帆する貿易船に乗りこみ、その背に宿したノミを媒介として西欧にもちこんだ病気である[3]。悪疫はまたたく間に中世ヨーロッパの各都市へと広がっていった。都会の住民も農夫もみさかいなく殺され、町も村もたちまち無人の廃墟と化した。ヨーロッパの人口のなんと約半分が失われたのである。

一三四八年、ペストがヨーロッパに上陸した当時、西欧はアジアに比べるといかにも貧しかった。蒙古民族が征服する気にさえならなかったほどである[4]。じっさい、ヨーロッパは貧窮し、技術的にも遅れをとり、干ばつと凶作に疲弊し、むせかえるような死臭に覆われていた。しかし、それは世界に君臨するための契機でもあった。すべては死と、破壊と、動乱と、陥った混沌から生まれることになる。

黒死病は、ヨーロッパに暗黒だけをもたらしたのではない。それは隆盛へと導く光明でもあったのである。

ペストは、やがてブリストルの港からイギリスへと上陸する[5]。

中世のヨーロッパでは、ネズミは見慣れた存在だった[6]。ネズミが貿易船から歩み板《タラップ》を伝って波止場に降り立ったとしても、だれも目に留めなかっただろう。体長わずか一五センチの齧歯《げっし》類の生き物が、病毒をもつノミの宿主となり、じきに社会を大混乱に陥れるとは想像さえできなかったはずである。

ブリストルの港は、常時二万人もの貿易業者でにぎわっていた[7]。腹を減らした小動物にとって、そこは格好の棲《す》みかでもあった。荷車で粉ひき場へと運ばれる袋づめの穀物は山ほどあったし、ボルドーから届く樽入りワインのおこぼれにもあずかれたし、船出を待つウールの反物《たんもの》は暖かい寝床になったに違いない。

にぎやかなコーン・ストリートは、穀物取引所《コーンエクスチェンジ》の前に四つの「ネイル」――商人たちが取引するときに見本や代金を置いたブロンズ製の台座――が据えられ、人びとの往来が絶えなかった。また東に行けば、活気に満ちた造船所が立ち並び、多くの材木や帆布やロープの間をネズミたちはわがもの顔で駆けめぐったことだろう。

ブリストルは、やがて天地がひっくり返るほどの大騒動に陥る[8]。ネズミが悪病を広める媒介役をこれほど大胆に果たせたのも、その存在があまり人目を引かなかったからにほかならない。見慣れた小動物は市場を走りまわり、居酒屋のテーブルの下に潜み、金持ちの台所にもぐりこんで腹を満たした。都会であれ田舎であれ、彼らにとって「進入禁止」の立て札はどこにも見あたらなかった。スカートの下から無防備にくるぶしを露出した居酒屋のメイドも、ネズミのたまり場たる調理場で働くコックも、無法者に寛容な金持ちさえも、だれもがネズミの背中から飛び降りた一匹のノミの犠牲者になりえたのである。

ノミに食われても、当初はなんら体の異変は見られない[9]。しかし二〜八日の潜伏期間が過ぎると、メイドは崩れるように床に倒れる。コックは全身がけいれんし、激しく嘔吐《おうと》し、不気味にも狂ったように笑いつづける。金持ちは病の床につき、腕と脚に走る激痛でみるみる衰弱していく。だれもが四〇度を超す熱に浮かされるが、手の施しようがない。

数日のうちに、卵大の腫《は》れ物が首や脇や股間に現れるだろう。「腺ペスト」と呼ばれるのも、そうしてリンパ腺が腫れるからだ。極度の衰弱、心不全、体内出血などをきたし、一〇日ほどで死にいたる。

ノミに食われる以外にも、感染ルートは二つある。一つは患者の血液による感染で、この場合は一日以内に死亡する。そしてもう一つは、ペストに肺を侵された患者の咳を媒介とした飛沫感染。呼吸困難などを引き起こし、こちらもわずか数日のうちに死にいたる。後者は、「肺ペスト」と呼ばれ、人から人へと容易に感染する。はじめは一対一だが、じきに千人単位で広がっていく。男も女も子供も例外ではない。新約聖書の「ヨハネの黙示録」を読んで育った当時のヨーロッパ人の目には、まさに世界の終末の到来と映ったことだろう。
じっさい黒死病は、ヨーロッパに終焉をもたらしても不思議はなかったのである。
しかし、歴史学者たちの想像力を刺激するかのように、ペストは西欧に驚くべき変革をもたらした[10]。その後の一五〇〇年間（人類の歴史にとっては一回のまばたきに等しい）で、ヨーロッパは新世界を発見し、印刷機を発明し、油彩画を創始し、眼鏡を考案し、著作権法を確立し、世の酒飲みの喝采《かっさい》を浴びるように最初のウイスキーを蒸留した。さらにその後も、ニュートンの万有引力の法則、近代的な銀行制度、市民革命、産業革命と、飛躍的な革新を次々と引き起こしていったのである。

かつては征服にも値しなかったヨーロッパは、大陸規模での再生と復興を経験し、世界でもっとも強力な地域へと変貌を遂げていった。問題は、いかにしてである。

アメリカの歴史学者デビッド・ハーリヒは、こう記している。「ペストは、中世がヨーロッパの発展において文字どおり中間段階であり、最終段階ではなかったことを証明した」。そして、その理由をこう主張している。「ペスト後の西欧は、まさに生まれ変わった新たな人《ニュー・マン》びとの時代に入ったのである」

アリストテレスを雇った教会

中世の教会と現代の軍隊は、目指すところは異なるものの、多[illegible]通点をもっている。たとえば、どちらも明確な階層組織を擁し、中央の本部——前者は[illegible]、後者はペンタゴン——が全体を掌握し、世界規模での壮大な活動を展開している。[illegible]と地方支店からなる企業にもたとえられるだろう。

さて、中世のカトリック教会は、黒死病によって破壊されたと想像してみよう。それ以前の教会はきわめて排他的で、外部からの知識を統合・吸収できずに弱体化していた。哲学であれ建築であれ、古代ギリシア・ローマの知識は大いに疎んじられていたのである。

もちろん、教会内部にも外界に目を向けようとする者がいないわけではなかった。問題はその目が教会の教義によって閉ざされてしまったことだ。たとえ物質界で新たな発見をしても、それが教義と相いれないならば、確たる真実も誤りと断じられたのである。意図したわけではなくとも、教会は進歩を抑圧していたことになる。

教会がいかに古代の知識を軽視していたか、イタリアの作家ボッカチオはこんな逸話を

ボッカチオは、そうした[illegible]行を大いに尊重した。そもそも、理性に[illegible]トテレスは、信仰至上主義に徹する教会とは相いれな[illegible]主義者らと反目することになる。人文主義者たちが教会の[illegible]て古典をかき集める一方、教会は聖職者がアリストテレスの教えに接することを厳しく禁じた。

しかし、黒死病とともにすべてが変わる。

ペストが流行した当時、ヨーロッパ社会はきわめて宗教的だった[14]。カトリック教会は、人の誕生から死にいたるまで、人生のすべての側面において重要な役割を果たしていた。悪病が広まったときも、死にゆく病人のかたわらに座り、慰めをあたえ、最後の儀式を執りおこなったのは聖職者である。その結果、聖職者はほかのだれよりも無防備に病菌にさらされていた。そして次々と倒れていった。中世教会の根幹ともいうべき修道院は、そうしてペストに一掃されてしまうのである。

教会にとって、人びとの信仰心の変化はもっと深刻な痛手となった。かつては信者であふれた礼拝席もペストの流行中は閑散となった。生き残った者たちにとって信仰はまさに

厳しい試練にさらされていたといえる。だれもが考えたように、もしも悪病が神の下した罰ならば、なぜこれほど多くの聖職者が死んでいくのだろうか？　人びとは、世界の終末が到来しつつあると信じ、しだいに刹那《せつな》主義にも陥っていった。かつては信仰に篤かった教区民が、墓地のただ中で酒を飲み、大騒ぎしている。売春婦たちは墓碑の立ち並ぶ間で客引きをするまでになった。

しかし、そうした変化が見られたのは、なにも下層階級の人びとに限ったことではない。ペスト菌は襲いかかる相手を差別しない。富める領主も貧しい農奴も、同じように苦しみ、同じように死んでいくわけだ。黒死病は社会のあらゆる階層から、命ばかりではなく、信仰心をも奪いとったのである。

聖職者や敬虔な人びとが次々と死んでいく現実を前に、やがては自分も病に倒れると覚悟した富裕者たちは、遺言書から教会の名を削り、代わりに子孫のためという名目で高度な研究施設に遺産を寄贈するようになった。そして黒死病がヨーロッパを襲った一三四八年、プラハ大学が創設される。一三五〇年にはフィレンツェ大学が設立され、一三四八年から七二年にかけてはケンブリッジ大学で新たに四つの学寮《コレッジ》が、オックスフォード大学で二つの学寮が開設された。ウィーン、クラクフ、ハイデルベルクなどにも大学が誕生する。

つづっている[11]。

あるときボッカチオは、モンテカッシーノにあるベネディクト派の修道
死病のために僧院はなかば廃墟と化していた。書庫には扉もなく、内部に
古代の貴重な写本はどれもほこりまみれで、引き裂かれ、あたりに散乱し
ボッカチオは、いったいなにが起こったのかと問いただした。なんと修道士
かな金銭を得るために、写本の羊皮紙を引きちぎっては魔除けの札として売
ある。

ボッカチオは、残っていた貴重な写本と羊皮紙をできるかぎりかき集め、保
修道院から運び出した。そもそも、そこに記された古代の知識を、修道士たち
いたとしても不思議はない。ヨーロッパの人びとは何世紀もの間、ギリシア・
物を読んだことさえなかったからだ。

当時の西欧社会では、聖書こそが有無を言わさぬ知識の源泉だった。「十一世
学者アンセルムスも、信仰は理性に優越するという原理を　んな言葉で表して
らんがために信仰する」。これこそが中世ヨーロッパの支配的な考え方で
力の根源でもあったのである。

こうした新たな大学で、人びとは高度な教育を受け、人文主義者たちの教えにも接するようになった。

じっさい、多くの人文主義者が大学とかかわり、じきに教授陣と学生の大半を占めるようになる[15]。彼らはアリストテレス流の理性による探究と、ラテン文の模範とされるキケロの修辞《レトリック》に心酔した。

ペスト感染による聖職者たちの激減は、私のいう「余白《ホワイト・スペース》」を社会の中に生み出した[16]。組織の生産性と革新性を高めるために活用すべき、カオスの三要素のうちの第一番目である。詳しい説明は別の章に譲るとして、ここではすでにある構造の束縛を受けない、時間や空間やシステムと考えてほしい。まさになにも描かれていない真っ白なキャンバスであり、新たなはじまりである。

カトリック教会にとっても、聖職者の激減は「余白」をもたらした。欠員を補う新たな人材を切望して、教会は以前であれば聖職には不向き、または不相応と判断した人材をも登用したのである。彼らこそがカオスの三要素の第二番目、すなわち「異分子」である。組織や集団の中で、多くの構成員とはなんらかの意味で異質の存在、既存の輪の中には属していなかった部外者《アウトサイダー》といえるだろう。教会の場合、新たに登用したのは大学の卒業生だった。彼らの大半は人文主義的な思想を支持していた。教会はからずもアリストテレスを身内に加えたのである。

大学で教育を受けた新たな聖職者たちは、古代の思想家・芸術家・技術者・建築家などへの崇敬《すうけい》の念を教会にもちこんだ。人文主義者と教会内部における彼らの存在は、その後の数世紀におよぶ連鎖作用を生み出し、ルネッサンスの先駆けとなるのである。

一四一九年、フィレンツェは一〇〇年以上も未完のままだった大聖堂のドームを完成させるため、建築家を公募することを決めた[17]。しかし、内径が四二メートルもある大空間を、支柱を使わずにレンガで覆うという難しい工事だったため、妙案を考えつく者は現れなかった。古代ローマ人はその方法を心得ていたのだが、科学的知識が軽視されていた当時、かつての工法を記した文書や資料はとうに散逸していた。

結局、フィリッポ・ブルネレスキという建築家が名乗りを上げた。古代の建造物の遺跡を詳細に分析し、人文主義者たちが収集したかつての文書を丹念に研究することで、ついに解決法を見いだしたのである。

一四三六年、ブルネレスキは手に入れた禁断の知識を存分に生かすと同時に、建築資材をつり上げるための新たな機械も考案して、八角形の壮麗なドームをみごとに完成させた。

ブルネレスキの死後、彼の発明した機械に大いに魅了された若者も現れる。その名はレオナルド・ダ・ヴィンチといった。ブルネレスキ自身に代わり、ダ・ヴィンチは詳細な設計図を作成し、貴重な遺産を後世に伝えることに貢献したのである。

さて時を同じくして、フィレンツェ大学では、トマーゾ・パレントゥチェリという一人の若者が勉学に励んでいた[18]。医師の子として生まれた彼は、人文主義に大いに関心を寄せ、科学・建築学・歴史・文学など、多方面にわたる研究に打ちこんだ。

その後、彼はボローニャの司教となる。さらに教皇の外交使節として、派遣される先々でさまざまな書籍を収集した。一四四六年、手腕が高く評価されて枢機卿に就任。そして翌年には、ついに教皇の座につくのである。ニコラウス五世――人文主義者を自任する、史上初の教皇の誕生であった。

教皇は、ローマ時代の高架式水路橋を再建し、聖ピエトロ教会の改修にも着手した。ドイツの枢機卿ニコラウス・クサヌスが、近眼用の眼鏡を発明したのも同時期である。さらに愛書家の教皇は、バチカン図書館も創設した。ここは、今日にいたるまで世界有数の知の宝庫である。

わずか百年ほど前、教会は聖書に記されていないことはすべて異端と断じていた。しかし、バチカンはいまや古代ギリシア・ローマの著作を熱心に収集し、書き写し、保存に努めている。教会は、大きく変わったのである。

この変化は、ペストによる「余白」から生まれただけではない。カトリック教会は、変わりゆく政治状況を利用できる絶好の立場にあった[19]。その政治状況とは、東ローマ帝国の首都コンスタンチノープルの陥落である。ボスポラス海峡の西側に位置する偉大なキリスト教都市は一四五三年、オスマントルコ帝国の軍門にくだった。

たしかに、キリスト教と古典文化の中心地だった同市が、イスラム教徒の手に落ちたことは打撃だった。しかし、征服されたギリシア人たちは、質重な書物を馬車に乗せ、背負い、両手に抱えて西へと逃走した。やがてイタリアにたどり着いた彼らは、古代の知識と写本を携えた「異分子」として、新たにできた「余白」に温かく迎え入れられたのである。ニコラウス五世は、大量の書物を買い入れ、そこに記された知識とともにバチカン図書館に大切に保存した。

人文主義者によって目覚めた知識への渇望によって、人びとは、それまでよりはるかに強く書物を求めるようになった。本は、伝統的に人間の手で書き写されるものだった[20]。

アリストテレスを雇った教会

中世の教会と現代の軍隊は、目指すところは異なるものの、多くの共通点をもっている。たとえば、どちらも明確な階層組織を擁し、中央の本部――前者はバチカンで後者はペンタゴン――が全体を掌握し、世界規模での壮大な活動を展開している。いずれも本社と地方支店からなる企業にもたとえられるだろう。

さて、中世のカトリック教会は、黒死病によって破壊されたと想像してみよう。それ以前の教会はきわめて排他的で、外部からの知識を統合・吸収できずに弱体化していた。哲学であれ建築であれ、古代ギリシア・ローマの知識は大いに疎んじられていたのである。もちろん、教会内部にも外界に目を向けようとする者がいないわけではなかった。問題はその目が教会の教義によって閉ざされてしまったことだ。たとえ物質界で新たな発見をしても、それが教義と相いれないならば、確たる真実も誤りと断じられたのである。意図したわけではなくとも、教会は進歩を抑圧していたことになる。

教会がいかに古代の知識を軽視していたか、イタリアの作家ボッカチオはこんな逸話をつづっている[11]。

あるときボッカチオは、モンテカッシーノにあるベネディクト派の修道院を訪れた。黒死病のために僧院はなかば廃墟と化していた。書庫には扉もなく、内部にまで雑草が茂り、古代の貴重な写本はどれもほこりまみれで、引き裂かれ、あたりに散乱していた。驚いたボッカチオは、いったいなにが起こったのかと問いただした。なんと修道士たちは、わずかな金銭を得るために、写本の羊皮紙を引きちぎっては魔除けの札として売っていたのである。

ボッカチオは、残っていた貴重な写本と羊皮紙をできるかぎりかき集め、保存のために修道院から運び出した。そもそも、そこに記された古代の知識を、修道士たちが軽視していたとしても不思議はない。ヨーロッパの人びとは何世紀もの間、ギリシア・ローマの書物を読んだことさえなかったからだ。

当時の西欧社会では、聖書こそが有無を言わさぬ知識の源泉だった[12]。一一世紀の神学者アンセルムスも、信仰は理性に優越するという原理をこんな言葉で表している。「知らんがために信仰する」。これこそが中世ヨーロッパの支配的な考え方であり、教会の権力の根源でもあったのである。

　ボッカチオは、そうした風潮には染まらなかった[13]。人文主義《ヒューマニズム》を標榜し、個々の人間を重視し、アリストテレスやキケロをはじめ古代ギリシア・ローマの著作や文化を大いに尊重した。そもそも、理性による探究と真実の追究を唱えたアリストテレスは、信仰至上主義に徹する教会とは相いれなかった。結果として教会は人文主義者《ヒューマニスト》らと反目することになる。人文主義者たちが教会の書庫をあさって古典をかき集める一方、教会は聖職者がアリストテレスの教えに接することを厳しく禁じた。

　しかし、黒死病とともにすべてが変わる。

　ペストが流行した当時、ヨーロッパ社会はきわめて宗教的だった[14]。カトリック教会は、人の誕生から死にいたるまで、人生のすべての側面において重要な役割を果たしていた。悪病が広まったときも、死にゆく病人のかたわらに座り、慰めをあたえ、最後の儀式を執りおこなったのは聖職者である。その結果、聖職者はほかのだれよりも無防備に病菌にさらされていた。そして次々と倒れていった。中世教会の根幹ともいうべき修道院は、そうしてペストに一掃されてしまうのである。

　教会にとって、人びとの信仰心の変化はもっと深刻な痛手となった。かつては信者であふれた礼拝席もペストの流行中は閑散となった。生き残った者たちにとって信仰はまさに厳しい試練にさらされていたといえる。だれもが考えたように、もしも悪病が神の下した罰ならば、なぜこれほど多くの聖職者が死んでいくのだろうか？　人びとは、世界の終末が到来しつつあると信じ、しだいに刹那《せつな》主義にも陥っていった。かつては信仰に篤かった教区民が、墓地のただ中で酒を飲み、大騒ぎしている。売春婦たちは墓碑の立ち並ぶ間で客引きをするまでになった。

しかし、そうした変化が見られたのは、なにも下層階級の人びとに限ったことではない。ペスト菌は襲いかかる相手を差別しない。富める領主も貧しい農奴も、同じように苦しみ、同じように死んでいくわけだ。黒死病は社会のあらゆる階層から、命ばかりではなく、信仰心をも奪いとったのである。

聖職者や敬虔な人びとが次々と死んでいく現実を前に、やがては自分も病に倒れると覚悟した富裕者たちは、遺言書から教会の名を削り、代わりに子孫のためという名目で高度な研究施設に遺産を寄贈するようになった。そして黒死病がヨーロッパを襲った一三四八年、プラハ大学が創設される。一三五〇年にはフィレンツェ大学が設立され、一三四八年から七二年にかけてはケンブリッジ大学で新たに四つの学寮《コレッジ》が、オックスフォード大学で二つの学寮が開設された。ウィーン、クラクフ、ハイデルベルクなどにも大学が誕生する。

こうした新たな大学で、人びとは高度な教育を受け、人文主義者たちの教えにも接するようになった。

じっさい、多くの人文主義者が大学とかかわり、じきに教授陣と学生の大半を占めるようになる[15]。彼らはアリストテレス流の理性による探究と、ラテン文の模範とされるキケロの修辞《レトリック》に心酔した。

ペスト感染による聖職者たちの激減は、私のいう「余白《ホワイト・スペース》」を社会の中に生み出した[16]。組織の生産性と革新性を高めるために活用すべき、カオスの三要素のうちの第一番目である。詳しい説明は別の章に譲るとして、ここではすでにある構造の束縛を受けない、時間や空間やシステムと考えてほしい。まさになにも描かれていない真っ白なキャンバスであり、新たなはじまりである。

カトリック教会にとっても、聖職者の激減は「余白」をもたらした。欠員を補う新たな人材を切望して、教会は以前であれば聖職には不向き、または不相応と判断した人材をも登用したのである。彼らこそがカオスの三要素の第二番目、すなわち「異分子」である。組織や集団の中で、多くの構成員とはなんらかの意味で異質の存在、既存の輪の中には属していなかった部外者《アウトサイダー》といえるだろう。教会の場合、新たに登用したのは大学の卒業生だった。彼らの大半は人文主義的な思想を支持していた。教会はかならずもアリストテレスを身内に加えたのである。

大学で教育を受けた新たな聖職者たちは、古代の思想家・芸術家・技術者・建築家などへの崇敬《すうけい》の念を教会にもちこんだ。人文主義者と教会内部における彼らの存在は、その後の数世紀におよぶ連鎖作用を生み出し、ルネッサンスの先駆けとなるのである。

一四一九年、フィレンツェは一〇〇年以上も未完のままだった大聖堂のドームを完成させるため、建築家を公募することを決めた[17]。しかし、内径が四二メートルもある大空間を、支柱を使わずにレンガで覆うという難しい工事だったため、妙案を考えつく者は現れなかった。古代ローマ人はその方法を心得ていたのだが、科学的知識が軽視されていた当時、かつての工法を記した文書や資料はとうに散逸していた。

結局、フィリッポ・ブルネレスキという建築家が名乗りを上げた。古代の建造物の遺跡を詳細に分析し、人文主義者たちが収集したかつての文書を丹念に研究することで、ついに解決法を見いだしたのである。

一四三六年、ブルネレスキは手に入れた禁断の知識を存分に生かすと同時に、建築資材をつり上げるための新たな機械も考案して、八角形の壮麗なドームをみごとに完成させた。

ブルネレスキの死後、彼の発明した機械に大いに魅了された若者も現れる。その名はレオナルド・ダ・ヴィンチといった。ブルネレスキ自身に代わり、ダ・ヴィンチは詳細な設計図を作成し、貴重な遺産を後世に伝えることに貢献したのである。

さて時を同じくして、フィレンツェ大学では、トマーゾ・パレントゥチェリという一人の若者が勉学に励んでいた[18]。医師の子として生まれた彼は、人文主義に大いに関心を寄せ、科学・建築学・歴史・文学など、多方面にわたる研究に打ちこんだ。

その後、彼はボローニャの司教となる。さらに教皇の外交使節として、派遣される先々でさまざまな書籍を収集した。一四四六年、手腕が高く評価されて枢機卿に就任。そして翌年には、ついに教皇の座につくのである。ニコラウス五世――人文主義者を自任する、史上初の教皇の誕生であった。

教皇は、ローマ時代の高架式水路橋を再建し、聖ピエトロ教会の改修にも着手した。ドイツの枢機卿ニコラウス・クサヌスが、近眼用の眼鏡を発明したのも同時期である。さらに愛書家の教皇は、バチカン図書館も創設した。ここは、今日にいたるまで世界有数の知の宝庫である。

わずか百年ほど前、教会は聖書に記されていないことはすべて異端と断じていた。しかし、バチカンはいまや古代ギリシア・ローマの著作を熱心に収集し、書き写し、保存に努めている。教会は、大きく変わったのである。

この変化は、ペストによる「余白」から生まれただけではない。カトリック教会は、変わりゆく政治状況を利用できる絶好の立場にあった[19]。その政治状況とは、東ローマ帝国の首都コンスタンチノープルの陥落である。ボスポラス海峡の西側に位置する偉大なキリスト教都市は一四五三年、オスマントルコ帝国の軍門にくだった。

たしかに、キリスト教と古典文化の中心地だった同市が、イスラム教徒の手に落ちたことは打撃だった。しかし、征服されたギリシア人たちは、貴重な書物を馬車に乗せ、背負い、両手に抱えて西へと逃走した。やがてイタリアにたどり着いた彼らは、古代の知識と写本を携えた「異分子」として、新たにできた「余白」に温かく迎え入れられたのである。ニコラウス五世は、大量の書物を買い入れ、そこに記された知識とともにバチカン図書館に大切に保存した。

人文主義者によって目覚めた知識への渇望によって、人びとは、それまでよりはるかに強く書物を求めるようになった。本は、伝統的に人間の手で書き写されるものだった[20]。

ヨーロッパ中で何千人もの修道士が、日に二〜三ページの割合で、一冊の書物を何日もかけて丹念に書きとっていく。ペスト以前は人手がふんだんにあったため、筆写《ひっしゃ》がいちばん安価で実践的な本づくりの方法だったのである。

しかし、黒死病は多くの修道士の命を召し上げた。その結果は？　安価な労働力の喪失である。

そして同時に、ヨーロッパ中で多くの人が亡くなったため、もはや着る者のいない衣類が大量に発生し、服を燃やすたき火の煙がいたるところで高く立ち昇った[21]。しかし、人びとはじきに服地《ラグ》をぐつぐつと煮てとれた繊維で「紙」（ラグ・ペーパー）をつくるようになった。その結果、人件費は高くて人手は少なかったが、紙はたちまち安くて豊富になったのである。

一四〇〇年代には、じつに興味深い出来事がつづいて起きた。書物にたいする高い需要、安価で豊富な紙の供給、コンスタンチノープルから大量にもちこまれた知識満載の著作、そして……人手のかからない印刷機の登場である。もしも黒死病という災厄がなかったなら、人文主義者が台頭することも、書物の需要が急激に高まることもなかっただろう。労働力は安価なままで、紙も希少なままだったに違いない。言いかえれば、ペストが流行しなかったなら、グーテンベルクの印刷機が発明されることもなかったはずである。ペストを宿した一匹のネズミが、すべてをもたらしたのである。ネズミたちは、ヨーロッパ中を駆けめぐり、権威を覆し、社会のあらゆる面にその足跡を残した。新たな技術を導入した建築、科学と理性を受け入れた教会、知識の普及と拡大に不可欠の役割を果たした印刷機の発明。そしてなによりも、ヨーロッパは中世の暗黒時代から、輝けるルネッサンスへと導かれていくのである。

カオスが吹きこむ命

ペストがヨーロッパにあたえた衝撃の話を聞いて、デンプシーはこう言った。「君は、軍隊にもっと〝カオス〟をもちこめ、と言いたいのかね」

「そうです」と私は答えた。

大将の驚きはもっともである。どんな組織であれ個人であれ、カオスとそれにともなう予測不能性や不確実性は、だれもが最小限に抑えようと奮闘しているものだ。円滑な運営を目指す者にとって、それは手ごわい大敵ともいえる。たとえば舵とりのまずい会議で、ろくな結論も出ないまま何時間も無駄にした経験はだれにでもあるだろう。ハイチの地震で家を失った何千もの人びとが途方に暮れる姿など、世界各地で噴出するカオスもどれほどニュースで目にするかわからない。私たちにとって、カオスは手に負えない獣《けだもの》のような存在、できることなら手綱をしっかりと握っていたい相手である。

たとえば科学者などは、その不可解な正体をとらえようと、不規則に見える現象の中に法則性を見いだす「カオス理論」やら、中国でチョウが羽ばたけばカリブでハリケーンが起きるといった「バタフライ効果」やらを、いとも真剣に唱えている。また企業のマネジャーなら、整理整頓が不行き届きな工場で大事故が勃発する悪夢にうなされ、ベッドから飛び起きた夜もあるだろう。親ならば、誕生会のファミレスで、子供らがしたい放題の大騒ぎになった思い出が一つくらいはあるはずだ。

カオスという言葉からは、だれもが秩序に欠けた状態や、確たる計画や目標のない行動を思い浮かべやすい。その結果はネガティブであることが多いだろう。しかし、そんなカオスにも別の側面があるとしたら？　たとえば、人をもっと有能にするとしたら？　変幻自在で、凝り固まったシナリオとは無縁で、明確すぎる目標にも縛られないあり方が、たんなる「進化《エボリューション》」ではなく「革命《レボリューション》」を招くとしたら……？

カオスの核心には、不思議なパラドクスが存在するといえるだろう。黒死病というカオスは、あれほど強大な破壊力を備えていたものの、同時に近代ヨーロッパが立ち現れるために不可欠の苗床ともなった。これから紹介していくように、同じような展開《パターン》は世の中のいたるところに見られる。

カオスは、まず「余白」をつくり出す。そして、それが「異分子」の入りこむ余地となる。そこから、思いもよらぬ結果が生まれる。私はそんな不思議な現象を、「計画されたセレンディピティ（偶然）」と呼んでいる。

ペストの蔓延という大惨事のあとに、あれほど早期にルネッサンスが起こりえた事実は、たしかに不思議である。しかし、それはでたらめに生じた出来事ではない。セレンディピティを可能にし、さらには促進するために、条件はすべてそろっていたのである。

おなじみのこんな情景を、ちょっと思い浮かべてみてほしい。南海の無人島で、浜辺に生えた一本のヤシの木陰に座る、ボロボロのズボンを身にまとった一人のひげ面の水夫。彼がこの島に流れ着いた理由は、もう明らかだろう。そう、乗っていた船が難破したのである。それでは、ヤシの木はいったいどうやってこの島にたどり着いたのだろうか？

世界には、約二五万種類の種子植物が存在する。みずからのタネを肥沃な地へと運ぶため、それぞれが独自の方法を進化させてきた。多くのものは風に乗って飛んでいく。だれでも、子供のころに白い綿のようなタンポポのタネを吹いて遊んだことがあるだろう。そばを通る獣の毛に付着するものもある。また甘い果肉にわが身を包み、それを食べた動物が排泄することによって、ほかの場所で育つタイプの種子植物も見られる。

二五万種のタネのうち、わずか一パーセントのみが水に浮く。そしてその四分の一だけが、水の中で一週間以上もちこたえる[22]。塩分を含んだ荒波の中で長く生きのびられるものはさらに少ない。ヤシの実は、そうした特異なタイプのタネである。数カ月間も海を漂っていられるヤシの実は、まさに自然界の「異分子」といえるだろう。

ヤシの実は、満潮の波や嵐の突風にさらわれて海へと運ばれる。そして、波に揺られてどこかの浜辺に打ち上げられる。とはいえ、どんな土地でもいいわけではない。ヤシの木が育つには、熱帯の風土と十分な雨が必要である。さらに陽光をたっぷりと浴びられる、開かれたスペースも欠かせない。頭上にほかの植物の枝葉が茂っていてはダメである。中世ヨーロッパの人文主義者たちと同じく、ヤシの木にとっても、健やかに育つには十分な

「余白」が不可欠なのである。海岸線に沿うようにヤシの木が生育するのも、そのためだ。塩水のしぶきを激しく浴びるような場所は、たいがいの植物にとって不適切だから、陽光を浴びる広々とした空間を確保できるというわけだ。

さらに、ヤシの実がどこかの陸地に無事にたどり着くには、やはり「セレンディピティ」の助けが必要である。母なる自然は、ヤシの実の到来を歓迎してくれる島々へと、確実に運ぶ便利な直行便を用意しているわけではない。大海原を潮と波に翻弄されながら進むのだから、一つのヤシの実が一つの浜辺にたどり着くのは、まさに偶然《セレンディピティ》のなせる業である。ただし、それはまったくのまぐれでもない。長い歴史の中で、海は同じ偶然を何度もくり返し成功させてきたのだから。だからこそ、ヤシの木は世界中の広い範囲に生育しているのである。

自然は、「カオス」の熱心な擁護者といえる。熱帯の島の浜辺という「余白」に、海の長旅に耐えるヤシの実という「異分子」が無事にたどり着けるのも、潮流という「セレンディピティ」のおかげである。

だとしたら、たとえばヤシの実がハワイのワイキキ・ビーチに流れ着いたと想像してみよう。海水浴客でごったがえす浜辺は、ちょうど企業や組織の象徴だ。そこには「余白」

がまったくない。だから、長旅のすえにたどり着いた「異分子」も根づくことができない。砂浜はどこもかしこもだれかに占領されているからである。新たなアイディアをいくら提供しても、確たるスペースがないかぎり、流れ着き、根づき、新たななにかへと育つことはけっしてないのである。

では次に、大海原にまったく潮の流れがないと想像してみよう。海流の助けがなければ、ヤシの実はけっして遠くへ旅することはできない。ただ当てもなく波間にぷかぷかと浮かんでいるばかりである。新たな浜辺にたどり着くことも、立派なヤシの木に成長することもかなわない。これもまた、多くの組織の典型だろう。斬新なアイディアを、発案者の手から実現の場へと運ぶシステムが整備されていないのだ。会議室の虚空にただ当てもなくぷかぷかと浮かんで終わりである。

さらに、ヤシの実が無用の長物と見なされ、目につくや捨てられてしまうと想像してみよう。無駄と欠陥の最小化をはかる、「リーン・シックス・シグマ」などという高度なマネジメント手法を信奉する企業にとって、二五万種類のうちの一パーセントのさらに四分の一にも満たない可能性のタネが挑む、どこへたどり着くとも知れない漂流の旅は、まさに無駄と欠陥のかたまりと映ることだろう。すぐれたアイディアもタネのうちに葬られることは多い。

しかし、自然は「余白」と「異分子」をこよなく慈《いつく》しむ[23]。たとえ人間の目には、たんなる無益な混沌《カオス》としか映らなくても。たとえば、巨木のセコイアは山火事がなければ生きられない。ほかの樹木や下草が炎で一掃されることで、セコイアは全身にたっぷりと陽光を浴び、焼け落ちた植物は土に返って豊かな栄養源となるからだ。すべてが焼失した森の地表という「余白」の中で、五〇センチもの厚い樹皮でわが身を炎から守る「異分子」は、独自の生を謳歌するのである。

メキシコのユカタン半島にある「チクシュルーブ・クレーター」は、さらに大きなカオスを物語っている。

二つの石を打ちあわせて火を起こしたことがあるだろうか？　残念ながら私にはない。だがそんな経験がある人なら、火を起こすには特殊な条件が必要なことを知っているはずだ。一方の石には鉄が含まれていなければならず、もう一方の石は火打石でなければならない。そうしてはじめて火を起こせる。

六五〇〇万年前、それは途方もない規模で起きた[24]。一方の石は直径約一五キロメートルの小惑星、もう一方の石は地球である。マンハッタンほどの大きさの小惑星が、時速六万キロメートルを超える速度で大気圏に突入し、地球に激突した。衝突により発生した炎は、やがて地球全体をのみこんだ。

地質学者がその時代の地層を調べたところ、衝突で生じた塵《ちり》の堆積した薄い層が発見された。その層の下には、巨大な恐竜から小さな甲虫にいたるまでの多様な化石が存在する。しかし層の上――すなわちカオス後の世界――には、ほとんどなにも存在しなかった。小惑星の衝突が、恐竜をはじめとする多くの生物の絶滅を招いたのである。

しかし、わずかな「異分子」は生きのびた。ある種の植物や、洞穴などで難を逃れた小さな哺乳類などである。天敵が消滅したあとの開かれた生態系という「余白」の中で、哺乳類から霊長類が進化し、さらには人類の出現へとつづくのである。何千万年も昔に、一つの小惑星がたまたま空から降ってくるという「セレンディピティ」は、地球上に「カオス」をもたらした。しかし同時に、そこから生物の多様性が開花したといえる。人間のあなたがいま存在し、この本を読んでいるのも、そんなセレンディピティのおかげである。

組織の中の小さな「余白」

デンプシーにここまで話をしたわけではない。だがこうして考えてみると、軍隊に不足しているのは発想力なのだろうか？　そうではないと私は思う。

二〇〇三年、陸軍はイラク進攻に向け、いわゆる「バトル・リズム」と呼ばれる態勢で職務にあたっていた。司令官とスタッフは週六日、毎日一四～一八時間働き、休みは日曜だけというシステムである。しかし、一人の仕事中毒ぎみの士官がいた。ニューヨーク出身のユダヤ人、スティーブ・ロトコフ大佐だ。

ロトコフは変わった人間だった。陸軍にニューヨークなまりが強いユダヤ人などそうはいない。それに、健康そうな体つきをしているが、陸軍大佐らしい感じはしない。高校時代の夏休みに、シェイクスピアの全戯曲三七編を一気に読んだこともあるという。

ロトコフ大佐は毎日、午前四時三〇分に起床、一一時まではさまざまな会議に出席、午後三時までは作戦準備、さらに夜一一時までペンタゴンのスタッフたちとのミーティングがつづく……。

週に一度の休日にも、ロトコフはほかの士官たちを集め、小グループでのフリー・ディスカッションを欠かさない[25]。彼はこう語る。「ずっと以前から、仲間と親しくなるためだけでなく、おたがいに自由な発想を出しあえるような、型にはまらない時間が必要だと考えていた。そこで、日曜日の午後に集まることにしたんだ」。創造力に富んだ発想ができる者なら、階級にかかわらずだれでも歓迎される。ミーティングは二〜三時間つづく。決まった議題はなく、ピザとビールはロトコフのおごりである。

こうした型にはまらないディスカッションは、斬新なアイディアが生まれるための小さな「余白」を提供してくれる。そんなある日曜日のこと、一人の若い士官が、メンバーを前にプレゼンテーションをしたいと申し出た。テーマは「サダムはいかに勝利するか」である。士官はこう力説した。サダム・フセインは、囚人を解放することも、バース党の細分化された組織構造を利用することも、武器の隠し場所を教えることも、シーア派とスンニ派の対立をあおることもできる、と。

つまり、士官が言わんとしているのはこういうことだ。アメリカ陸軍はイラク政府の力ではなく、イラク文化の力に悩まされることになる。イラク文化は、無数の傷を抱え、たがはずれかけている。フセインの二四年間の治世により、イラク文化に内在する宗派間の緊張が高まっているのだ。ここでフセインが権力の座を退けば、アメリカは宗派間の血なまぐさい抗争に巻きこまれることになる。

ロトコフ大佐は、若い士官の説は興味深いと考えた。そこで参謀幕僚に本人を引きあわせようと懸命に試みた。しかし、だれからも承諾は得られなかった。一年後、イラクの情勢はほぼ彼のシナリオどおりとなるのである。

この出来事のポイントはなんだろうか？　軍隊は中世の教会と同じく、確立された強固な体制と思想を備えている。そんな組織に潜む危険は、すべてがあまりにも固定されてしまっていることだ。「余白」は排除され、「異分子」の声は黙殺されてしまう。

若い士官に発言の余地をあたえたのは、スティーブ・ロトコフの自由討論の場だった。軍隊の硬直した階層組織の中ではきわめて珍しい「余白」である。

また、新たなアイディアが生まれ育つには、「異分子」の存在が欠かせない。若い士官はもとより、自由な発想を求めるロトコフや、休日を返上して彼のもとに集う熱心な士官たちもしかりである。

だが、もう一つ必要なものがある。「計画されたセレンディピティ」だ。陸軍に欠けていたのは発想力ではなく、このセレンディピティなのである。若い士官の先見の明に富んだ主張は、上官に伝えられることはなかった。もし伝わっていれば、陸軍は違う戦略を考案したかもしれない。バグダッドにまっしぐらに突き進むのでなく、各地を制圧しながら、もっと慎重に進攻していったことだろう。打倒すべき政府がないのなら、いきなりあれほどの爆弾を投下することもない。もっと多くの部隊と協力し、平和の確保と都市部の安全に的を絞ったに違いない。

これこそが、デンプシー大将が投げかけた問いにほかならない。組織はいかに革新的なアイディアを招来し、体制の中でそれを縦横にやりとりすることができるのか？　その答えは、組織の中に小さな「カオス」を創造することである。

本書では、軍隊の指揮官をはじめ、学校の教師、企業の経営者、そしてテレビゲームのクリエーターが、いかに既存の体制と慣例の中にカオスをつくり出し、新たなアイディアを生み、根づかせ、育てていったかを見ていこう。

まず次の章で、カオスの三要素――「余白」「異分子」「計画されたセレンディピティ」――について、詳しく説明する。

第2章 穏やかなカオス

CONTAINED CHAOS

ゲームを襲った竜巻《トルネード》

子供のころ、兄のロムと私にとって、雨の日にはとっておきの楽しみがあった。アパートの居間の家具をすべて片づけ、クローゼットから大きな緑色の箱をとり出す。部屋はやがて一〇歳の少年たちでいっぱいになった。みんなの目的はただ一つ――ギャンブルである。

私の両親がイタリア旅行のお土産に、ミニチュアのルーレットと、折りたたみ式のトランプ用テーブルをもち帰ったとき、兄弟は新たな使命に目覚めた。子供たちを常連客としたカジノの開帳である。ふだんはプラスチックのチップを賭けたが、ときにはキャンディやビー玉に代わることもあった。中でもポーカーとブラックジャックが人気の的だ。

ゲームはいつでも、ヤロンという名の少年が加わるまでじつに楽しくつづく。ヤロンは明るくて元気いっぱいの友人なのだが、負けず嫌いなのが玉にきずだった。ゲームの途中で勝ち目がないと知るや、「竜巻《トルネード》！」と絶叫してカードをかき混ぜてしまうのである。最初はみんな我慢していたが、やがて限界に達し、最後にはヤロンと彼のもたらす「カオス」

は二度と招くまいという結論にいたった。

じっさい、カオスには不思議なパラドクスがある。野放しにしておけば、竜巻よろしく通り道にあるすべてのものを破壊する。しかしその激烈な破壊こそが、ときとして人びとの創造力を大きく開花させる。問題は、そんなカオスの長所と短所の兼ねあいだろう。つまり、大混乱に陥ることなくその手綱を上手に握れるか、深刻な破壊を招くことなく潜在的な創造性と革新性を巧みに導き出せるかどうか、だ。

私が信じる解決策は「穏やかなカオス」の導入である。制御できる範囲内で意図的に招き入れる小さなカオスは、あらゆる面で組織の健康を大いに増進してくれる。

たとえば、ポーカーを考えてみよう[1]。五枚の札で勝負するこのゲームは、なんと二五九万八九六〇通りもの手がありうる。とはいえ、最強のストレートフラッシュ（同種札の五枚つづき）はわずか四〇通り、二番目に強いフォーカード（同数札の四枚ぞろい）も六二四通りにすぎない。

さて、もしもゲームに竜巻たるヤロン——野放しのカオス——を加えたなら、きっとプレーそのものが完璧に台無しになってしまうだろう。けれども、適度に小さなカオスを注入したなら、ゲームの展開はどう変わるだろうか？　たとえば一組五二枚のカードに、万能札《ワイルドカード》としてのジョーカーをたった一枚足したなら、もたらされる効果は絶大だ。ストレートフラッシュがそろう可能性は、四〇から一八四通りへと広がる。フォーカードならば六二四から三一二〇通りへと大幅にアップするのである。

たった一枚のジョーカー――穏やかなカオス――を加えるだけで、最強の手がそろう確率は四倍以上にもはね上がる。最下位のワンペア（同数札の二枚ぞろい）ならばさらに一五万通りもの手が可能になるわけだ。

もちろん、ポーカーは独自のルールをもった一つのゲームにすぎない。組織にワイルドカードを一枚とり入れるだけで、あるいはヤロンを仲間に加えるだけで、すべてがうまく運ぶというわけではない。

けれども、カオスを構成する三要素「余白」「異分子」「計画されたセレンディピティ」――を上手に生かすことで、組織に「穏やかなカオス」を導入できる。以下では、この三要素について一つずつじっくり見ていこう。

余白《ホワイト・スペース》

二〇一二年六月、アメリカのウェブアプリケーション企業「37シグナルズ」のシカゴ本社を訪ねても、人がそこで目にするものは……あまり多くなかったはずである[2]。会議室は空っぽ、デスクに人影はなし、天井の蛍光灯も消えている。さては倒産かといぶかるほどだ。

その数週間前、最高経営責任者のジェーソン・フリードはこう宣言していた。「わが社は実質的に一カ月間、日常業務をすべて停止して休暇に入る。確たるスケジュールも任務もない環境の中で、なにができるかを見届けるためだ」。コスト削減や人員整理を目的としていたのではない。真の「生産性」とはなにかを見きわめるための一カ月休暇である。

その間、給料は通常どおり全社員に支給された。しかし、割りふられたスケジュールも仕事もいっさいない。あったのは「余白」だけである。「人間は、なににも邪魔されないまとまった時間を手にしたときこそ、よりよい成果を生み出すはずだと私たちは考える」。フリードはそう語っていた。

たしかに、それは大胆な試みだった。時間をもてあましてネット・サーフィンに明け暮れたり、友人とだらだら長いランチをとったり、ためこんだお気に入りの連続ドラマの録画を延々と見つづけたり……と、そんな社員の姿を思い描くへそ曲がりもいるだろう。

じっさい最初は、日々の仕事がないという現実に慣れるまでに数日を要する。しかし、フリードはみずからのコラム「Inc.」にこう記している。「すべての部門の社員が、じきにある製品の新たな売り方や、顧客とのよりよいコミュニケーションの方法、画期的なサービス戦略、組織への優秀な人材の導入法などを考え出すものだ。彼らがなにかを創造し、達成する力には大いに感銘を受けた」

もちろん、すべての企業が全社員に一カ月の休暇をあたえられるわけではない。じっさい、昨今の神経科学の知見が示すとおり、人間が創造性を発揮するために丸まる一カ月の休息をとる必要はない。わずかな「余白」で十分なのである。本書では、アインシュタインがいかに「余白」を活用して偉大な発見をしたか、また学校がいかに休み時間を生かして生徒の学習を向上させたか、そして人間の脳はいかに「余白」の状態にあるときに効果的に働くかを、具体的な例とともに示すことにしよう。

異分子

「われわれは、選挙結果を〝予言〟したわけではない」[3]。二〇一二年のアメリカ大統領選で、バラク・オバマが対抗馬のミット・ロムニーをあっけなく破り、二期目の当選を果たした直後、フランク・ニューポートはそんな言い訳を口にした。世界的に高い評価を誇る世論調査機関、ギャラップの編集主幹の言葉とは信じがたいが。

ニューポートは、さらにこう語った。「われわれの調査では、両者は接戦で優劣の判定は難しく、予想得票率はロムニーが五〇％、オバマが四九％とほぼ互角の状態だった。ふたを開けてみたら、ロムニーが四八％、オバマが五〇％という結果である。ロムニーの誤差は二パーセント、オバマも一パーセントにすぎない」。どちらも誤差の許容範囲内だという主張である。高校の統計の授業ならまだしも、アメリカでもっとも信頼される世論調査機関から聞きたい言葉ではなかった。

しかし、さらにショックだったのは、選挙結果の予測を誤ったのはギャラップ社だけではなかったという現実だ。ラスムセン・リポーツ、アメリカン・リサーチ・グループ、メーソン・ディクソンといった、定評のある世論調査機関がこぞってロムニー優勢を伝えていたのである。

じっさい、選挙に先立つ数カ月間、全米のどこを向いても誤った予測が声高に唱えられていた。ネイト・シルバーが執筆する、オンライン版ニューヨーク・タイムズ紙のブログ、「ファイブ・サーティ・エイト」を除いては――。

ネイト・シルバーは、二〇一二年の選挙でオバマ大統領の勝利を予見しただけでなく、全五〇州における勝敗をみごとに的中させた。そして、同時に行われた上院議員選挙の結果も、ノース・ダコタ州を除いてすべて正確に予測したのである。

それにしても、このすぐれた統計分析家は、どこから現れたのだろうか？　いったいどこで活躍していた人物なのだろうか？　答えは、どこあろう、野球界である。

シルバーは、「ベースボール・プロスペクタス」というウェブサイトで、個々の野球選手の能力と将来性を総合的に評価・予測する仕事に六年あまり携わってきた[4]。

たしかに、選挙結果の予測に限らず、さまざまな問題について世間の動向を広く把握する技術については、ギャラップ社のほうが門外漢の若者よりも一枚上手だろう。しかし、現実を看破する眼力を備えていたのはシルバーのほうだった。

　じっさい、野球は将来を予測することが大切な仕事といえる。球団の経営陣であれ監督であれ、はたまたファンであれギャンブラーであれ、チームと選手がこれからどんなプレーをするのかは、ぜひとも知りたいところだろう。球団の経営陣は、選手を残留させるべきかトレードに出すべきかを知りたい。監督は、選手をベンチにとどめるべきか先発させるべきかを知りたい。ファンは、ひいきの選手が活躍するかどうかを知りたい。そしてギャンブラーは、チームの勝敗の公算をぜひとも知りたいはずである。ネイト・シルバーは、野球で学んだすべてを政治に応用した。けれども最初は、あまりに突飛なアイディアだったので、本人も偽名でブログを執筆したほどである。野球が専門の男に、だれが選挙の結果を予測してもらう気になれるだろうか。

　ネイト・シルバーのような人物を、私は「異分子」と呼んでいる。この本に登場するのは彼ばかりではない。多くの人の目に、異分子はいわば場違いな存在、門外漢と映るだろう。しかし彼らは、しばしば異なる二つの世界を、二色の糸を一本に撚《よ》りあわせるように、一つに織りあげる重要な役割を果たすのである。本書では、異分子が社会のさまざまな分野で革命を起こすさまを見ていこう。それは最先端のＤＮＡ研究の場でも、フォーチュン誌の全米上位五〇〇社の大企業の中でも進行しているのである。

計画されたセレンディピティ

リーサ・キンブルは、とりたてて革新を起こすような女性には見えない[5]。髪はいまだに若々しい赤みを帯び、よくパープルの服を着ている。眼鏡を頭の上にかけ、どこに置き忘れたかと探すことも多いという。小さな会議のときには、一方の脚を突きだして椅子の背にもたれ、わけ知り顔に出席者を眺めわたしている。だがそんな彼女にも、よく見れば革新を起こす雰囲気がある。目元にいたずらっぽい光が宿っているのだ。

政治の世界へ足を踏み入れたネイト・シルバーと同じく、小学校の教師だったリーサも、病院という新たな世界へ導かれた異色の人材だ。彼女が相手にするのは、もはや無邪気な子供たちではなく、アメリカでエイズよりも多くの人の命を奪っている難敵にほかならない。

MRSA（メチシリン耐性黄色ブドウ球菌）は、抗生物質が効かないブドウ球菌である。

そのため、これに感染すると治療は難しい。恐ろしいことに、MRSAにいちばん感染しやすい場所は、ほかならぬ病院だ。さらに恐ろしいことに、その感染率がいまや危険なほどに急上昇している。

とはいえ、MRSAは十分に予防が可能であるというよいニュースもある。病院のスタッフは、患者に接するたびに手をしっかりと洗えばいい。けれども悪いニュースは、信じられないかもしれないが、彼らに手を洗わせるのは想像するより難しいという現実である。病院という職場があまりにも忙しすぎるため、つねに手を洗う時間を確保するのが困難なのである。

当初、病院は医療スタッフの教育を徹底することで、MRSAの感染をなんとか食い止めようと考えた。そしてアメリカ中の病院のいたるところに、手洗い励行を声高に推奨するポスターが華々しく張られた。あるものは、きわめてストレートに訴えている。「待て、忘れるな、手を洗え！」。そして別のものは、ちょっとウィットをきかせたつもりだ。「菌の虜《とりこ》にならないで」。でも結局は、メッセージはただ一つ、「絶対に手を洗え！」だ。

病院の期待に反して、こうした教育的なポスターは、あまり大きな効果を生まなかった。「教育は、人の行動を根本的に変えられるわけではありません」。リーサは皮肉まじりにそう語る。「もしも変えられるとしたら、いまごろはみんなタバコをやめているし、デンタル・フロスを使っているでしょう」

リーサの方針は、トップ・ダウンで変化をもたらす（一方的にポスターを張ったりマニュアルを配ったりする）代わりに、組織の中に小さな「カオス」を導入しようというものだった。そこから自然に解決策が生まれれば、だれもが気持ちよく決めごとに従えると考えたのである。そんなセレンディピティを促すことが彼女の役割だった。

そのプロセスは、よく注意していなければ見過ごしてしまいそうなほどささいなことだった。

リーサは、手はじめに雑多な人びとから成る「ごたまぜ集団」をつくった。医師、看護師、看護助手、医療技師、事務局員、用務員……。「さまざまな部門や立場の人たちを集めることが大切なのです」。リーサはそう指摘する。

そんな集団は一見、いろいろな人が多様な問題や意見をもち出すので、焦点の定まらない混沌と映るかもしれない。しかし、そこがポイントである。「いわばジャズのセッションのようなものですね」と、リーサは笑顔で言う。「お堅いクラシックでは、ちょっと型にはまりすぎでしょう。不協和音はいただけませんが、指揮棒を振りすぎるのもよくありません」

じっさいリーサは、グループから最大の成果を引き出すために、むしろあれこれコントロールをしない方針をとっている。彼女は笑いながらこう言った。「すごい成果が現れるのは、むしろ私がその場にいないときなのです！」

ある病院では、リーサの指導するグループが、MRSAに感染した患者の体の洗浄について討議を進めていた。リーサはこう話す。「患者の体は、熱いお湯で洗浄する必要があります。ところが、一人の看護師が言葉をはさみました。『それが問題なんです。うちの病棟ではお湯が出ないんです！』」

ほかのメンバーたちは、信じられないといった顔でおたがいを見あった。舞台は二一世紀の病院である。医療技師の一人は、自分の目でぜひとも確かめたいと、みんなを連れて問題の病棟へと向かった。そして温度計を手にとるや、蛇口をひねって水流の中にさし入れた。いつまで待っても、出てくるのは冷たい水ばかりだった。

看護師は、ではどうやっていつもお湯を調達しているのかと訊かれた。答えはいまはまだ一九世紀なのか、と耳を疑うようなものだった。「まず、大きな水差しを二つもって地下へ向かいます。そして、お湯をいっぱいに入れたら、また病棟へと上がってきます。患者さんたちの体を洗浄するには三杯分のお湯が必要なので、いつでも二往復しなくてはなりません！」

明らかに、病棟のお湯が出ないことが感染予防の妨げになっている。だれもが対策を講じるべきだと考えた。しかし、障害があった。当時、病院は大がかりな改修を進めていたが、問題の病棟の工事は翌年まで待たなくてはならない。計画を変更するには大きな経費が発生する。

リーサのグループは、その場しのぎの解決策に飛びついたり、腕組みして奇跡が起きるのを待ったりはしなかった。その代わりに、「穏やかなカオス」をとり入れる道を選んだ。議論の場に小さな「余白」を設け、自分たちだけで考える代わりに、ほかの職員にもミーティングの門戸を開いたのである。この「余白」が、「異分子」にも発言の機会をあたえる結果となった。

一連のミーティングに、あるとき一人の用務員がたまたま参加したことがある。病棟のお湯が出ないという看護師の話に、彼はじっと耳を傾けていた。そして、会話がいったんとぎれた瞬間、用務員は咳《せき》ばらいを一回するとこうたずねた。「あのう、バルブはちゃんと開いていますか？」

看護師たちは、ぽかんとして顔を見つめあった。だれも知らないのである。またしても、みんなで問題の病棟へと向かった。廊下を足早に歩く用務員のあとに全員がつづく。たどり着いた先は、掃除道具をしまってある物置だ。用務員がさっそくほうきやモップやバケツを片づけると、奥の壁にパイプとバルブが姿を現した。

病院の建物は古くなっていたので、バルブに記された赤い開閉のマークもはがれ落ちている。そもそもバルブの存在をだれも知らなかった。用務員がきしむバルブをひねると、やがてパイプの中を水が勢いよく流れだすおなじみの音が、全員の耳に届いたのである。病棟では、どの蛇口からも熱いお湯がふんだんに出るようになり、舞台はやっと二一世紀へともどった。

だれでも自分の組織をあらためて見なおしてみると、あまりにも画一的な管理のもとで、みんながお決まりの仕事にどっぷりと浸かっているという現実に気づくだろう。真の秘宝は、組織の思いもよらぬ片すみに眠っているものである。

「病院のミーティングは毎回、ふだんなら絶対にありえない顔ぶれで実施していました。そこから、すばらしい結果が導き出せたのです」。リーサは、最後にそうしめくくった。

カオスを最小限に抑えようとする努力が知らぬ間に革新を妨げているという事態は、世の中にごまんと見られる。

病院の用務員がたまたまミーティングに参加したことも、たまたまバルブについて問う気になったことも、たんなる偶然といえなくはない。しかし、そうした偶然が起こる「確率」は、ミーティングの門戸を開放し、いろいろな「異分子」の意見を聞くための「余白」を創出した、グループの意図的な「計画」と努力によって間違いなく高められたといえる。

偶然が起きやすい環境や条件を、人間の側で意識的に整備したからこそ、偶然は起こるべくして起きたのである。これこそが、たんなる偶然を超えた「計画されたセレンディピティ」にほかならない。組織にセレンディピティを招来する一つの方法は、さまざまな分野や部門をできるだけ巻きこむことである。どこにどんな問題があるのかを共有し、その解決へ向けて一丸となって知恵をしぼりあうわけだ。結局のところ、解決をもたらす人間は、しばしば同じ会議室に座っているものである。

以下の各章では、組織がセレンディピティを積極的に促進することで、いかに大きな成功を収めているかについて、さまざまな分野の実例とともに見ていこう。「穏やかなカオス」は、伝統ある大きな組織にも、起業間もない小さな組織にも、必ずや革新と成長と成功をもたらすはずである。

第3章

アインシュタインの頭脳

EINSTEIN'S
BRAIN

称賛された無名の公務員

スイスのベルン大学には、ヨーロッパ中の物理学者から、称賛の手紙が次々に届きはじめた[1]。宛名はどれも、数カ月前に相対性理論の論文を発表したばかりの二六歳の若者、アルベルト・アインシュタインである。

しかし、アインシュタインは大学とはまったく無縁の身分だった。手紙の差出人たちは、彼がベルンに住んでいると聞き知り、同地の大学の教授だと勝手に思いこんでいたのだ。アインシュタインは、スイス特許局で審査技師として働いていた。無名の公務員が、物理学の世界をひっくり返したのである!

アインシュタインが若くして驚くべき物理学上の発見をしたのは有名な話である。また、アインシュタインの学業の成績が悪く、学究的環境とは無縁だったにもかかわらず、画期的な発見をなしとげたこともよく知られている。

それはとても信じられないような大事件だった。二六歳の若者が世界を変える科学理論を手に、どこからともなく現れたのだ。それだけでも先例のないことなのに、アインシュタインはさらに一〇年後、既存の重力理論を再構築し、ふたたび物理学に革命をもたらした。それ以来、アインシュタインといえば「天才」と相場が決まっている。

アインシュタインの大発見については、次のような説明が一般的だ。アインシュタインは並外れて聡明な知性をもっていたからこそ、摩訶不思議な天才的発想力で、宇宙をまったく新しい見方でとらえることができたのだ、と。

脳科学者たちは、そんなアインシュタインのたぐいまれなる天分を、なんとか解析しようと躍起になった。驚くべき知性を有するからには、脳そのものに常人とは異なるなにかがあるはずだ、と。

一九五五年、アインシュタインがプリンストン病院で亡くなると、この病院の病理学長だったトーマス・ハービー博士は、火葬を望んでいた彼の脳を秘密裏に摘出した[2]。そしてホルマリンの入ったビンに移し、バッグにそっと忍ばせて自宅へともち帰ったのである。アインシュタインの知性の神秘を、世の研究者らが解き明かすためにも、その脳を保存することは科学と人類にたいする自分の責務であると信じていたという。

数年後、学者たちはハービー博士から天才の脳の切片を譲り受けた。

そして研究の結果、数学的思考をつかさどるアインシュタインの脳の部分に平均以上の神経細胞《ニューロン》が集中していることが判明したのである[3]。しかし問題は、アインシュタインがじつは計算があまり得意ではなかったという事実である。最初の妻で、同じく物理学者だったミレバは、夫の計算をいつもチェックしては誤りを正していたという。アインシュタインが、平均的な英文学専攻の学生や数学専攻の学生よりも数学が得意だったことは間違いない。だが、そもそも相対性理論は数学上の発見ではない。時間や空間の概念を再構築したものだ。複雑な数式の組み合わせというよりむしろ、宇宙の新たな見方を示している。数学はその証明に使われただけだ。

その後も、科学者のマリアン・C・ダイヤモンドは、アインシュタインの脳には通常の人よりも多くの「グリア細胞」が存在することを突きとめた[4]。これはニューロンの軸索のまわりに存在する髄鞘《ずいしょう》を形づくっている細胞で、ニューロン間の伝達スピードを向上させる機能をもつ。また、ニューロンに無駄なくエネルギーを分配する役目も果たしている。

しかし、グリア細胞の量が通常の人と大きく異なるのは、脳のある一カ所だけだった。それに、ダイヤモンドが比較した脳はアインシュタインの脳より若かった。グリア細胞は年齢を重ねるとともに分裂しつづける。それを考えれば、アインシュタインの脳にグリア細胞が多いのは当然といえば当然である。そのため、グリア細胞の量とアインシュタインの才能との間になんらかの関係がある可能性は否定できないが、確かなことはわからない。

ほかにも各種の研究が次々となされた。アインシュタインの脳は通常よりも表面積が広いとか、じつは平均よりも軽いといった研究だ。

しかし結局、天才の脳に潜む神秘の究明は、どれも確たる結論を導き出せなかった。じっさい、脳の構成は個人個人で大きく異なるからだ。

アインシュタイン自身も、みずからの業績がたぐいまれなる脳のおかげだとは信じていない。驚くべき知性について世間が吹聴する夢物語は、まさに「滑稽だ」と本人もかつて語っている。

アインシュタインの偉業がたんに特異な頭脳から生じた成果ではないなら、いったいどこから生まれたのだろうか？　そして、天才アインシュタインは、はたして「カオス」とどんな関係があるのだろうか？

怠け者のアインシュタイン

一九世紀から二〇世紀へと世界が移り変わろうとしていたころ、チューリヒのスイス連邦工科大学の教室では、身なりのいい学生たちが真剣にノートをとり、複雑な数式に取り組んでいた[5]。しかし、そんな講義にはあまり顔を出さない若者もいた。授業をさぼり、チューリヒの目抜き通りバーンホフシュトラッセ（駅前大通り）に立ち並ぶカフェで、仲間たちと物理談義に花を咲かせていたアインシュタインである。

夏休みには、実験室で研究に励んだり教授の論文の執筆を手伝ったりする学生たちを尻目に、アインシュタインはアルプスのアッペンツェル地方の美しい山道を歩きまわっていた[6]。あたかも人生の幕間《まくあい》を楽しむかのように。

アインシュタインの才気を読み解くカギは、じつは、そのあたりに見いだせそうである。じっさい、彼はどう見ても「怠け者」だった。

授業に出るのさえ面倒がり、わが身に託された学究の才を発揮することもなく、教授の一人は彼に物理学を完全にあきらめるようにと忠告したほどだ[7]。皮肉にも一九〇〇年の卒業生の中で、就職先が決まらなかったのは彼一人である。父親のヘルマンも、息子の仕事を求めて縁故にあれこれあたってはみたが、色よい返事は得られなかった。

母親も息子の将来を心配していた。「ちゃんと授業に出なさい」「頭のよかった子がどうしたの？」「一生懸命勉強すれば、いつか自分の進歩にびっくりするから」

両親がこんな反応をしたのもわかる気がする。アインシュタインの態度を見ていたら、どんな親でもいらいらしたに違いない。

しかし、いくら両親が心配しても無駄だった。アインシュタインはそのころ、脳の特殊な部分を働かせていたのだ。

たいがいの人は、自分なりに成功への道筋を定めているものだろう。その根底にはつねに規律、勤勉、精進、そして「苦労は報われる」といった概念がある。ぶらぶらと無目的に過ごしていいのは、未来という膨大な時間を手にした十代の若者くらいだ。私たちの大半は、確たる目的の遂行に絶えず追われているものである。

けれども、アインシュタインは常人とは違っていた。数々のすぐれたアイディアは、独自の特異なプロセスから生み出されていた。そこには、「カオス」が密接にかかわっていたのである。

秩序が封じる創造性

理想的な管理者あるいは指導者を考えてみよう。その特性とはいったいなんだろう？おそらくこんな答えが返ってくるはずだ。理想的な指導者とは、仕事をなしとげられる人間、計画的に行動し、部下に手本を示せる人間、能率のよい人間である、と。

有能な指導者やCEOは、管理に手落ちがない。組織を厳しく統制している。その筆頭にあげられるのがアメリカ陸軍である。

軍の施設をはじめて訪ねたとき、私がまず感じたのは、兵士たちの一日は細部にいたるまで綿密に統制されているという点だった。朝のトレーニングにはじまり、さまざまな訓練、研修、ミーティングなど。

そんな規律と秩序は、軍人たちの私生活にまで入りこんでいるようだ。ある士官は自身の日課をこう話してくれた。「毎朝、〇五〇〇に目覚ましが鳴り、メールをチェックし、オートミールを食べ、新聞に目を通して、〇五四五には家を出る。〇六〇〇にジム到着、〇七〇〇までトレーニングをつづけ、シャワーを浴び、〇七三〇にはデスクにつく……」。

士官の話はさらにつづいたが、暮らしぶりはもう十分に想像できるだろう。そんな規律ずくめの日課と比べたら、あなたは自分が「怠け者」のような気がしないだろうか。

一般の個人の生活はそこまで厳格ではないにせよ、私たちが通っている組織や会社、学校では、似たような規律や秩序が支配している。私たちは一日を無駄なく使う方法を学ぼうと、研修を受けたり本を読んだりする。能力を最大限に発揮できるようにミーティングをおこなう。時間を有効に使えるように時間管理セミナーに参加する。企業は最新のテクノロジーを利用し、効率性・生産性の追求に余念がない。昨今では子供でさえそうだ。学校が終わっても、サッカー、バレエ、ピアノと、朝から晩までスケジュールがぎっしり詰まっている。チームの練習試合や遊びの約束もある。

現代人は、そうして時間を最大限に活用し、日々の暮らしに最大限の秩序をもたらそうと奮戦している。しかし、そこには深刻な犠牲がともなうことに気づいていない。脳が最大限に機能するチャンスをみずから封じこめているのである。

規律に縛られた暮らしは、豊かで自由な創造性や革新性をどこかで抑圧してしまう。しかし、ワシントン大学のマーカス・レイクル博士およびカリフォルニア大学サンタバーバラ校META研究所のジョナサン・スクーラー博士がおこなった研究によれば、人間はむしろすべての束縛から解放されているときにこそ、脳の特殊なネットワークを活性化させ、創造的な結びつきを生み出すという[8]。この件については次の章で詳しく説明する。ここで大切なのは、創造性に富んだ思考は脳の「余白」から生まれるという事実である。同じことは、個人だけでなく組織にも当てはまる。

第1章でとりあげた、中世の教会の例を思い出してほしい。教会はなにごとも厳しく管理・統制し、みずからの思想と流儀に固執し、すべてを画一化したために、創造的な発想の生まれる余地を封じてしまった。すべてを根底から揺るがし、何世紀も経て凝り固まった伝統を覆すには、ペストのような天地をひっくり返すほどの大惨事が必要だった。ヨーロッパはそれを契機に、長引く沈滞から脱したのである。

私たちも、人生に創造性と革新性を呼びこもうとするなら、少しばかりの「カオス」が不可欠だ。

それなのに私たちは、管理が行き届いているほうが効率的だと信じこまされている（つまり、計画的な人間のほうがすぐれた人間だと思いこんでいる）。

アメリカ陸軍での仕事にとりかかった当初も、私は組織に浸透した秩序レベルの高さに驚かされた。新兵の訓練プログラム担当、予備役担当、物品購入担当など、さまざまな職務の士官に会ったが、どの人もじつに聡明で有能であり、そしてすべてに整然としている。だがそれもいたしかたない。軍隊には何十億ドルもの費用が注ぎこまれている。そのうえ彼らは、指揮下にある何万もの兵士の責任を負う立場にある。

だからだろう。ミーティングをおこなうごとに、私は士官の補佐官からこんな電話を受けた。「今日のミーティングの議題はなんだ?」

はじめてこの質問をされたとき、私はうっかり正直にこう言ってしまった。「話すことですよ」

「だからなんの話だ?」

「軍隊の適応能力を高めるにはどうすればいいか、ということですが」

「じゃあパワーポイントのスライドはどこにある?」。事前に私からなにも受け取っていなかった補佐官は、いらいらしながらたずねた。

「そんなものありませんよ。議題は、自由に話すことです。決まったテーマはありません。なりゆきまかせです」

私はそのとき、軍隊という世界がいかに規律で縛られているかを垣間見た気がした。経験を積んだ士官としては、こういう質問もまったくおかしくはない。多くの責任を担う士官は、時間を有効に使うよう心がけなければならないのだから。

しかし、あまりにも秩序を優先するという組織の特徴は、現実に対応した柔軟な思考や革新を推進するとき、重い足かせとなる。意思決定の際に、職務を離れた時間にふと思いついたアイディアなどが重要な役割を果たすことがよくある。だからこそ、規律に徹する軍隊も、「余白」の大切さを理解しなくてはならない。

カオスをとり入れた軍隊

デンプシー大将との話しあいで、私たちは軍隊に少しばかりの「カオス」を導入する実験をしてみることになった。

たしかに、それは奇妙ななりゆきといえた。何十万という兵士を指揮する将官が、遠い昔から混沌を排除して秩序を徹底してきた組織に、わざわざ「カオス」を注入しようというのである。

じっさい9・11のテロ攻撃は、ペストが中世の教会にもたらしたのと同じ影響を軍隊にもたらした。二〇年前であれば、とても想像できなかった試みである。

しかし大胆にも、デンプシーは軍隊が変わるために、そして現代の戦闘に適応できるために、私のいう「カオスのポケット」を導入する決断を下した。豊かな創造性や革新性が芽生えるよう、意図的に秩序や効率を排除した組織内の小さな活動の場《ポケット》である。

私はデンプシーにこう説明した。「ご存じのとおり、カオスの定義にならえば、どんな成果があがるかを正確に予測することは不可能です。意図して小さな混乱を招くのですから、結果を明言するのは難しいです。けれども私は、なにかが起こってくれると信じています」

大将も納得してくれた。「私も明確な最終結果を頭に思い描いているわけではない。わからないことは、わからないままでいい」

軍隊の世界では、最終結果はもっとも大切なものとされる。たとえば丘を攻略する場合、理想の最終結果は丘の頂上を征服することである。外国に侵攻する場合であれば、できるだけ早く敵軍を打ち倒し、降伏させることである。どんな命令であれ、行動するためには、目的となる最終結果が必要になる。それをあえて設定しないのである。

私は、今後の段取りについてデンプシーに説明した。「まずは、プログラムを作成しましょう。そして、この件の直接の責任者とともに仕事を進めたいと思います。計画を成功させるには、その人の協力が欠かせません」

デンプシーは躊躇することなく、同じテーブルの端に座っていた四〇代前半の士官を指さした。「デーブ、君に頼む」

デーブ・ホーラン大佐は、デンプシー大将の戦略補佐官である。理路整然とした思考を重んじ、相手の話を聞きながらいくつものシナリオを想定し、あらゆる可能性を吟味しようと、頭がフル回転するタイプの人物だ。

デンプシーから責任者に指名されたときも、今後の展開にすばやく思いをめぐらせている様子がその日から読みとれた。はたして彼は私たちの計画に心から賛同してくれるだろうか……。

その瞬間、私はこれから進める試みの重さと責任を痛感した。人生のあらゆる機会に、両親や教師からさんざん言われてきたものだ。どんな目標を追求するにせよ、はっきりとした計画をじっくり練りあげ、具体的な手順をしっかり定めておかなければならない、と。私はこれから、陸軍のエリート士官たちを対象に、軍隊の秩序と計画性をわざわざ台無しにするためのプログラムを作成し、実行に移そうとしていたのである。

秩序を重んじてきた教育

デンプシーとの面談の数週間後、私はカンザス州フォート・レブンワースへと向かう飛行機に乗っていた[9]。そこにはアメリカ最大の陸軍学校、アメリカ陸軍指揮幕僚大学(CGSC)がある。少佐レベルを中心とした士官たちが戦略的思考を学ぶ場だ。卒業生名簿は、まさにアメリカ陸軍の名士録といえるだろう。マーシャル、ブラッドリー、アイゼンハワー、マッカーサー、パットン、パウエル……と、そうそうたる顔ぶれが並ぶ。二〇〇五~〇七年に学長を務めていたのは、デビッド・ペトレイアスである。

私を空港まで迎えに来てくれたのは、ほかならぬスティーブ・ロトコフだった。第1章で紹介した、日曜日の午後に小グループのミーティングをおこなっている大佐である。現在は海外軍事文化研究大学という新たな陸軍の機関に籍を置いている。本人に出会った瞬間、際立った濃い眉と浅黒い顔立ちがギャング映画のボス役にうってつけだ、と私は思った。じっさい、演劇学部への奨学金を受ける代わりに、ウエスト・ポイント[訳注 アメリカ陸軍士官学校の通称]へ進むことになったのは偶然のいたずらだったという。

ロトコフは、私とともにプログラムの作成と実施に携わるよう命令を受けていた。革新的なアイディアには大そう寛容な人物だが、これから進める計画については当然ながら多少の疑いをもっていたようだ。「軍隊は所詮、秩序と規律の上に成り立っている組織だ」。車の中でそう忠告された。

それから数年の間に、私は軍隊や軍学校における教育について多くを学ぶことになる。こうした教育機関にいる教師はたいてい、よかれと思ってのことだろうが、パワーポイントのスライドを駆使した授業ばかりをしている。ある学校では、デンプシーがパワーポイントの使用を禁止する命令を出したこともあった。だが、デンプシーが訪問してくる日にだけ命令に従い、翌日からはまたスライドの授業をしていたという。軍隊とはそういうところなのだ。

私とロトコフ大佐は、その日からさっそくプログラムの作成にとりかかった。できるだけ効果的な計画を練りあげようと、二人とも少なからぬプレッシャーを感じていた。何人もの士官を泊まりこみの集中プログラムに駆り出し、貴重な政府の資金を費やし、軍のお偉方の注目のもとで働くのである。少しでも目に見える成果が表れてくれるといいのだが……。

今日の学校制度も、毎日、私とロトコフ大佐が抱いていたのと同じプレッシャーを感じているといえるだろう。現場の教師たちは、教育の効率向上と成果の説明責任という重圧のもとで働いている。

こうした動きは、一九五四年の「ブラウン対教育委員会裁判」にたいする最高裁判決にまでさかのぼる。貧困層および少数民族の生徒にたいし、連邦政府は教育の質を改善する責任を負ったのである。しかし、判決と現実のギャップは大きかった。

一九六〇年代になると、「貧困との戦い《ウォー・オン・ポバティ》」の一環として、ジョンソン大統領は初等中等教育法（ＥＳＥＡ）を制定した[10]。貧困層・少数民族の教育にあたる公立学校の質の向上を目指し、連邦政府が地方自治体に補助金を支給するというものである。その代償として、学校側は成果の説明責任を負うこととなった。達成度を客観的に測定するための基準も設けられた。

結局、残念ながら計画は大きな成果を生むことはできなかった。しかし教育における効率の追求はさらにつづいた[11]。一九八三年、ジョンソン大統領の取り組みから約二〇年後、全米教育向上委員会は「危機下の国家」と題する報告書を作成した。それによると、一七歳の少年少女の一三パーセントは読み書きができない。少数民族においては、なんと四〇パーセントにも上る。

教育の低迷はそれだけに限らない。国語、数学、科学で成績が下がっていた。いくつかの手順を必要とする数学の問題を解けるのは、学生のわずか三分の一しかいない。

海外と比較すると差は歴然だった。報告書は日本の子供たちを例にあげている。日本の生徒は、不満もなく熱心に勉強している。早いうちから数学の素養を身につけ、科学や工学に強く、すべてのテストでアメリカをしのいでいる。アメリカの教育の遅れはもはや疑いようがない。

日本の教育に特別ななにかがあるのは明らかだった。報告書もアメリカ政府がいっそう手綱を引きしめるよう求めていた。日本を手本に、より厳しい明確な達成基準を設け、授業時間数を増やし、多くの宿題を生徒に課すべきだ。アメリカの生徒の成績を上げるためには、さらなる秩序と規律、さらなる学習時間が必要である、と。

つづく一〇年間、学校は体制の強化に努めた[12]。しかし、実態は悪化の一途をたどるばかりだった。一九九〇年代半ばには、成績の低下は貧困層・少数民族にとどまらず、すべての生徒へと広がっていく。教育はたしかに平等になったといえるだろう——ただし悪いほうへ向かってだ。だれもが平等に坂道を下っていったのである。

それでも、秩序という名の専制はつづいた。現場での管理と規律がまだまだ甘いと認識されたのである。そこでクリントン大統領は、学校にたいし、従来よりも高い基準と、テストの成績にもとづく説明責任を課す法律にサインをした。

しかし学校は依然として改善されなかった。二〇〇二年、ジョージ・W・ブッシュ大統領は、みずから「遅進児ゼロ《ノー・チャイルド・レフト・ビハインド》」と銘打った教育改革を推進するための法律を定めた。目指すところは従来の法律となんら変わりはない。だが、従来にもまして学校をより厳しく管理する姿勢をとったのである。

全教科課程に新たな達成基準が設けられ[13]、毎年、適正な学力を身につけたかどうかを測定するため、全生徒を対象とした統一テストが実施された。その成績は学校が評価される基準ともなった。数値が低すぎれば廃校も辞さない。連邦政府は教育委員会にたいして、「こんどは本気だ！」と宣言したようなものである。

けれどもこの計画には思わぬ副作用があった[14]。教師たちは、統一テストが実施される科目にすべてを捧げる結果となったのである。小学校の場合、五八パーセントの学区が英語の授業を週に二・五時間増やした。そして四五パーセントが算数を週に一・五時間増やしている。その代償として、重要でないと見なされた科目の割り当てが削られてしまった――図画工作、音楽、そして休み時間。学校の評価を高めるには、子供たちが校庭で遊ぶ楽しみをとりあげても仕方がない、ということだ。

当然ながらだれもが期待するような成果があがった……と、はたしていえたのだろうか？[15] 二〇一〇年、統一テストの成績が三八パーセントの学校で下落した。前代未聞の記録である。政府が学校に効率を求めれば求めるほど、目指すべきゴールは遠ざかっていったのである。アメリカは現在、科学教育ではなんと世界三七位である。算数・数学では二四位、革新的思考でも八位だ。歯車がどこかで噛みあっていない。

すぐれた教育成果を発揮している国々に目を向けると、アメリカとは明らかな相違点がいくつかある[16]。まずは有能な教師を採用することに熱心な点だ。それが、よりよい学習環境をつくるのに役立つことはいうまでもない。

しかし、さらに驚くべき違いもある[17]。アメリカは日本を手本とする際、肝心な点を見落としていた。日本の学校は、規律を重んじると同時に、より多くの自由な時間を生徒にあたえている。一日の授業時間も長いし、各種のテストの成績もいいが、日本の子供たちは学校での生活の二五パーセントを自由時間として享受しているのである。

アメリカの生徒は、休み時間が少ないから成績が伸びないのではないだろうか？　束縛のない自由な時間こそが、教育には不可欠なのではないだろうか？　そんな問いが、私たちをふたたび一九〇〇年へと、若き日のアインシュタインへと連れもどすことになる。

アカデミー・オリンピアの「異分子」たち

アインシュタインは、大学の成績も平凡で、大学院への進学など想像もできなかった[18]。頭の中はつねにアイディアであふれていたが、それを追求する正道からははずれていた。当時の物理学の問題のことばかり考えていたのに、研究や講義の中心となる大学からは締め出されていたのである。

彼の置かれていた状況は、もう一人の若者、トマス・ジェファソンとよく似ている[19]。多くの人にとって、ジェファソンといえば、白いかつらを着けた姿と、アメリカ独立宣言の起草や政治へのたゆまぬ情熱で知られているだろう。しかし若き日の彼に出会ったならば、まったく異なる人物をそこに見いだしたはずである。

ジェファソンは、大学一年生のとき、授業をよくさぼって賭事師《かけごと》や役者らと親しく交際していた。しかし二年生になると、法律家のジョージ・ウィスに認められて指導を受けはじめる。バージニア州知事のフランシス・フォーキアの親友でもあったウィスは、やがて若者を政治家に引きあわせることになる。

ジェファソンは、知事の邸宅で開かれた晩餐に招かれた。客人らが自由に学識と見解を交わしあえる、じつに楽しく知的な場だった。

彼がヨーロッパの啓蒙思想家の哲学に触れ、みずからの政治理念の土台を築いたのも、ほかならぬ晩餐の席——秩序や規律とは無縁の自由な環境だったといえるだろう。知事邸のディナー・テーブルこそが、真の「大学」だったとジェファソンはのちに語っている。

残念ながら、若き日のアルベルト・アインシュタインは、高名な物理学者のディナー・テーブルに招いてくれる人物には恵まれなかった。

みずからの卒業論文を大学に提出したときも、教授たちの学説と相いれないため、理不尽にも引き下げるよう求められたほどだ[20]。そのため、大きな科学的課題に独力で立ち向かわなくてはならなかった。その結果、アインシュタインは大きな「余白」を手にすることになる。正式な学問の場とはまったく無縁の、なんの束縛もない時間をふんだんに手に入れたのだ。この「余白」こそが、やがて相対性理論を生む肥沃な土壌となった。

アインシュタインは、いわば大学院に代わる非公式な研究の場として、人材を寄せ集めた「アカデミー・オリンピア」と称するサークルを結成した[21]。メンバーは彼自身に加え、ミケーレ・ベッソ、コンラット・ハビヒト、モーリス・ソロビーヌ、そして妻となるミレバ・マリッチといった面々である。

いずれも頭脳明晰だったことは当然だが、全員が生来の「怠け者」でもあった。遅刻の常習犯であり、さぼり屋であり、枠にはまることが根っから嫌いな人たちだった。

メンバーはいつも夜に集まり、ソーセージやチーズ、ヨーグルト、フルーツの簡素な食事をとった。そして、一冊の本を拾い読みして議論を交わすことになっていたが、一ページも読まないうちに議論がはじまることがほとんどだった。

アインシュタインはここで、最新の物理学の進展や科学的な発見はもとより、哲学や芸術についてもメンバーと大いに語りあった。大学院の型にはまった物理学の授業ではけっして味わえない知的経験である。アインシュタインはまた、一般の大学院生と違い、学部生を教える必要もなければ、論文を採点する必要もなかった。研究を指導する教授もいなければ、学内の政争に巻きこまれることもなかった。

アカデミー・オリンピアが享受していた「余白」は、現実の空間の中にも見られた。温かい晩には、メンバーはベルンの中世風の石のアーケードを当てもなく歩きまわり、アーレ川まで出向いたりもした。グルテン山の頂上に登り、草原《くさはら》に横たわって天空を見上げながら、夜明けまで語りあったこともある。朝になれば町にもどり、熱いコーヒーと新たに得た着想に命の息吹を感じた。仕事のある日は、カフェ・ボルベックにみんなで集まり、ランチをとりながら議論のつづきに夢中になったこともしばしばである。

アインシュタインが大学院に進んでいたら、おそらく管理された環境の中で、学部生のレポートの採点や教授会の準備に追われたことだろう。そして、相対性理論の構想は軽んじられたに違いない。あまりにも突飛な主張に、ばかげた研究はやめて「まともな道」にもどれと仲間が忠告したはずである。

しかしアカデミー・オリンピアでは、アインシュタインは同じような夢想家に囲まれていた。彼が相対性理論を生み出す手助けとなるのは、方向性を見失っているように見える、そんな「異分子」たちの集団だったのである。

休み時間の効用

二〇〇九年、ニューヨークのアルバート・アインシュタイン医科大学は、アメリカの一万一〇〇〇人の小学三年生を対象とした学校生活の分析結果を公表した[22]。それによると、学校にいる間に、約三割の子供が休み時間を合計一五分以下しかとれないという実情が判明した。生徒たちにあたえられる「余白」のなんと少ないことだろう。

アフリカ系アメリカ人やヒスパニック系の子供は、さらに休み時間を削られている可能性が高い。低収入家庭の子供、両親の学歴が低い子供も同様である。

なぜこのような結果にいたったのだろうか？　それは、かつてアトランタ学区の最高責任者を務めたベンジャミン・カナダの発言を聞けばわかる[23]。常識で考えれば、休み時間を短縮すれば成績は上がるはずだ。そうカナダは述べた。

たとえば、廊下をはさんだ二つのクラスがあると想像してみよう。どちらも間近に控えた算数と英語の統一テストの準備に余念がない。一人の教師は、常識にならって一日の授業時間を増やし、その間に一五分の休みを二回だけとることに決めた。子供たちは毎日、机にかじりついて問題プリントと格闘をつづける結果となる。

さて、もう一人の教師は、同じように一日の授業時間は増やしたが、四〇分ごとに一〇分の休み時間をとり入れた。子供たちはその間、校庭で遊んだり友達とおしゃべりに興じたりと、好きなことができるわけだ。

統一テストでいい結果を生んだのは、はたしてどちらのクラスだろうか？

常識的に考えれば、勉強に励んだクラスのほうが好成績を収めるはずである。しかし、統一テストでは常識が覆された。

医科大学の分析によれば、休み時間を多くあたえられた子供たちのほうが、学習にすぐれ、感情面でも安定し、行儀がよく、心身ともに健やかで、ストレスにも上手に対処できる事実が明らかとなった。

主任研究員のロミーナ・M・バーロスはこう語っている。「子供にとって、休憩をはさむことは重要です。人間の脳が集中できるのは、せいぜい四五～六〇分で、子供たちの場合はもっと短いのです」

しかし、教師は生徒に「余白」をあたえることに消極的である。なにやら職務の手抜きをしているような気がするからだ。そして、政治家は効率の名のもとに無駄を排斥することに積極的である。「子供らにもっと気ままな時間を！」などと叫ぶ為政者はまずいない。

しかし、無目的と見える空白の時間こそが脳には欠かせないのだ。アインシュタインがカフェで談笑したり、ジェファソンがテーブルで雑談したりといった、ちょっとした時間が大切なのである。じっさい、休み時間を短縮すれば成績は上がるというベンジャミン・カナダの発言には、それを裏づける経験的証拠がない。データを見るかぎり、子供の学習意欲や成績を向上させたいのなら、授業の合い間に自由な時間、束縛から解放される時間を織りまぜたほうがいい。つまり「余白」である。

ある研究によれば、子供（とくに男子）は、休み時間のあとのほうが勉強に集中するという。授業が長すぎればやる気も落ちていく[24]。五〇分に一度は休憩をはさむべきなのである。

また別の研究では、休み時間に子供どうしで経験する社会的な交流は、教師の指導下にあるときよりもずっと複雑で、さまざまな課題を含んでいるという。そうした場で身につけるスキルは、相手の気持ちや意図を推測したり、直面する事態に正しい判断を下したりなど、広く知的な発育を促す効果がある。じっさい、幼稚園児が示す社会的な行動は、小学一年生になったときの学習能力を予測するすぐれた指標ともなる。休み時間に、子供たちだけの世界——いわば大人に管理されない社会的な「カオス」——で習得する各種のスキルは、複雑な思考を発達させ、ストレスに上手に対処する能力も育むのである。

アメリカの子供たちが日本に遅れをとっていた一九八〇～九〇年代、ミシガン大学の心理学教授ハロルド・スティーブンソンは、アジアとアメリカの小学校の相違点を分析した。その著書『*The Learning Gap*（学習能力の格差）』には、重要な発見としてこう記されている。「アジアの小学校の一日の授業時間は長いが、その間にいくつもの休み時間が組みこまれている。そうした休憩が、子供たちの勉強にたいするポジティブな姿勢を育んでいる」

教授によれば、アジアの子供はじっさいに学校を楽しんでいて、ストレスが原因と見られる病気も少ない[25]。彼は、適切な休み時間を上手にとり入れることが、生徒たちの授業にたいする関心を維持・向上させる秘訣だと論じている。アジアの小学校の一日の授業時間はたしかに長い。しかし、それは休み時間が多いせいでもあるのだ。

アメリカは彼らの教育法をたんに模するよりも、休息の活用法をしっかりと学ぶべきだろう。

休み時間についての研究結果は、学生時代がもはや遠い昔となった人たちにとっても、大いに示唆に富んでいる[26]。アメリカの権威ある医学専門誌『ニューイングランド・

ジャーナル・オブ・メディシン』は、高齢者の認知症とレジャー活動との関連について次のように報告している。サイクリング・水泳・ゴルフといった肉体運動は、たしかに循環器系の機能には効果があっても、高齢者の認知症の予防にはまったく役立たない。しかし顕著な例外が一つだけ存在する。そう、ダンスである。

研究によれば、ダンスは認知症の発現を七六パーセントも減じてくれる。ほかの運動といったいなにが違うのだろうか？　音楽に要因があると考える人もいるだろう。しかし、お気に入りの曲をヘッドフォンで聴きながらジョギングしても、ダンスと同じメリットは得られない。

ならば、ダンスの社交性がポイントだろうか？〔27〕　高齢者にとってそれはプラスの要因には違いない。だが、ソーシャル・ダンスの研究家でスタンフォード大学教授のリチャード・パワーズは指摘する。認知症の研究者たちは、彼らが踊るダンスの種類に注目すべきだ、と

認知症の研究は、一九八〇年から現在にいたるまで、七五～八五歳の高齢者を対象としておこなわれてきた。パワーズ教授はこう説明する。「該当する年齢層の被験者たちは、かつてジャズに浮かれた〝狂騒の二〇年代《ローリング・トゥエンティーズ》〟や、一九三〇～四〇年代の〝スイング時代〟

に踊っていた人びとといえるだろう。彼らは高齢になっても、若いころに慣れ親しんだダンスを同じように楽しんでいるわけだ。つまり、フリースタイルのソーシャル・ダンスである。私は、スイング時代のダンス・パーティで知りあった両親をはじめ、養老施設や、マンハッタンのローズランド・ホールで踊る高齢者もたくさん見てきた。しかし、型にはまったお決まりのステップを踏む姿は、ほとんど目にしたことがない」

要するに、高齢者たちは休み時間の小学生と同じように、とても創造的な活動に携わっているわけだ。彼らのダンスは、記憶した型どおりの振りつけではなく、一九二〇～四〇年代にはやった自由で即興的なダンスで体を動かす、まさに「余白《ホワイト・スペース》スタイル」の踊りといえるだろう。パワーズ教授によれば、そうした型にはまらないソーシャル・ダンスは、踊る者に次々と決断を迫ってくる。相手の動きを予想し、自分がどう動くかをつねに考えなくてはならないからだ。その結果、神経経路が形成される。同じステップを何度もくり返すだけなら、脳がいきいきと躍動することはない。それでは思考は刺激されないのだ。日々同じことをくり返すだけでは、既存の神経経路を維持することも新たな神経経路を形成することもできない。即興的な思考を迫られる活動に参加してこそ、神経経路を維持・強化できるのだ。

同様に、運動場で遊ぶ子供たちは、教室では生まれない社会的問題への対応を迫られる。規律と秩序に守られた教室で教師と意見がくいちがうことはあまりないが、休み時間という社会的カオスの中で仲間と意見がくいちがうことはしばしばある。そのとき子供は、他人の視点というものに直面する。そして友人の考え方を理解し、折り合いをつけるよう迫られる。

子供にとっては、数学や国語と同じように、社会的環境における身の処し方も大切だ。子供は休み時間に、遊びを決める技術、リーダーを決める技術、けんかを収める技術、他人とコミュニケーションをとる技術を学んでいく。こうした規律や秩序のない環境で、驚くほどさまざまな能力を身につける。子供が休み時間をどのように過ごしたか、それがその子の学習能力を測る指標となるのである。

ここで一つ注意しておきたいが、私はなにも、テーマやプラン、規律のない授業を提案しているわけではない。一日中カオスをつづけるよう推奨しているわけでもない（そんな状態に手を焼いている小学校もあるのではないだろうか）。一日の間に、束縛から解放される時間、つまり「カオスのポケット」をところどころに入れてはどうかということだ。そうすれば生徒の学習能力向上に役立つに違いない。

一九〇三年、アインシュタインのアカデミー・オリンピアは、メンバーがそれぞれの人生を歩むために解散することとなった[28]。しかし親友のミケーレ・ベッソだけは、同じスイス特許局に仕事を得られた。アカデミー・オリンピアのにぎやかな議論は、仕事の行き帰りに二人だけで交わす物理談義へと縮小された。けれども、そんな短いひとときこそが、アインシュタインにとっては自由な発想をするための貴重な時間となった。

ジャーナリストのデニス・オーヴァーバイは、著書『アインシュタインの恋』（青土社刊）の中でこう説いている[29]。「既存の物理学会の目には、アインシュタインはいわば部外者《アウトサイダー》、特許局で働きながら専門誌に目を通すような、道楽半分の素人研究者と映ったことだろう。また、本人にとっても、学界にたいする無用な期待はいっさいなかったし、失うものはなにもなかった。教えを請うべき師もいないが、恩義に報いるべき相手もいない。彼には恐れるものがなかった。革新的になれる身の上だったのである」

言いかえるならば、アインシュタインの相対性理論は、象牙の塔の外の、なんの束縛もない人生の「余白」から生み出されたわけである。大学に縛られることなく過ごした歳月、仲間とあてどなく物理や哲学を語りあった歳月は、それまでの物理学から現代物理学へと大きく飛躍するための長い助走となった。アインシュタインがまったく新しい見方で世界をとらえることができたのは、その助走があったからなのだ。

ではいったいアインシュタインはなにに気づいたのか？[30]

それは、光が空間をどのように進むかという問題と関係がある。空間に空気がないとき、光は空間を進むことができるのか？

二〇世紀初頭の科学者は、その答えを解く鍵が「エーテル」と呼ばれる物質にあると信じていた。エーテルとはアリストテレスに由来する概念で、無臭・無色・無味・無重量の物質である。当時は、それが宇宙に充満しており、光はそれを媒体にして進むと考えられていた。

だがこのエーテルという概念には問題があった。学者がいくら努力しても、エーテルを見つけることができなかったのだ。

アインシュタインは、教授になるための研修も受けずにアルプス地方を徘徊していたある夏、結局エーテルなど存在しないのではないかという考えにはじめてたどり着いた。電磁波、すなわち光は、なにもない空間を進んでいるのではないか、と。

一九〇一年、マックス・プランクという若い学者が、涙ぐましい研究努力のすえ、光は音のような波ではなく、量子と呼ばれる粒子なのではないかと主張した。アインシュタインもこれには同意見だった。そこで、光は砂粒のような微粒子の集まりだと仮定し、そのエネルギーがどのように動くのかを考えはじめた。

アインシュタインは友人のベッソとベルンの街を散策し、屋根裏部屋でミレバとともに計算をくり返しては考えた。光が一定の速度でなにもない空間を進むとした場合、宇宙をどう説明すればいいのか？　そもそも、宇宙に基盤となるものがないということがありえるのか？

アリストテレスからニュートンにいたるまであらゆる学者が、宇宙には不変の基盤があるという前提に立っていた。しかし、そのような基盤、すなわちエーテルは見つからない。では、私たちが経験している現実とは、ほかのものの動きにたいして相対的に存在しているだけなのか？　基準となる静止点や地平は存在しないのか？　エネルギーの動きは、万物はたがいにたいして相対的に存在しているだけだとしか説明できないのか？

みずからも「異端者」を名乗るアインシュタインは、まさに宇宙をひっくり返すような大発見を、やがて「余白」から生み出すことになる。それはベッソを訪ねた、ある春の一日だった。

二人は夜遅くまで、物理の難問について議論を重ねた。しかし思うような結果は得られず、すっかり意気消沈したアインシュタインは帰りぎわにベッソに言った。こんな研究はもうやめようと思う。けれども家に帰り、ベッドに入り、すべてを忘れて眠りに落ちようというその瞬間、アインシュタインの頭に突如、解法がひらめいた。「問題は完璧に解けた！　ありがとう！」。翌日、彼はベッソに興奮した口調でそう告げた。

その後六週間にわたって、アインシュタインは「特殊相対性理論」の論理と数式を練りあげた。その論文は、長い歴史を誇る物理学雑誌『アナーレン・デア・フィジーク』に発表された。博士号取得のために大学に提出したのだが、荒唐無稽な内容と判じられて受理されなかったためである。

そして二年後、特許局でまだ働いていたアインシュタインは、ある日、仕事場の椅子の背もたれに体をあずけた[31]。そのときの出来事を本人はこう回想している。「突然、ある考えが頭にひらめいた。人は空中を落下するとき、自分の体重は感じないものだ、と。じつに驚きだった」。この一件がきっかけとなり、やがて「一般相対性理論」が生み出される。特殊相対性理論よりもさらに革新的な内容を含む理論となるのである。

ここまでの話から、はたしてなにがわかるだろうか？　アインシュタインが偉大な発見にいたる瞬間には、一つの共通点があることに気づくだろう。「特殊相対性理論」がひらめいたのは、眠りに落ちる間ぎわだった。そして「一般相対性理論」を思いついたのは、特許局の椅子の背もたれに体をあずけたときだった。いずれも、物理学の難問には意識を集中していないときだったのである。

コンピュータとカリグラフィー

私たちの思考において、なぜ「余白」がそれほど重要なのか？　その理由の一つと考えられるのが、人間の脳がはらう注意には二種類あるということだ。直接的な注意（授業のときなど）と間接的な注意である。脳は、この二種類の注意を自由に行き来できるような状態にしておけば、最高の能力を発揮する。

レオナルド・ダ・ヴィンチは、生涯を通じてさまざまな目標を追求していた。画家であり、発明家であり、科学者でありと、まさに万能の天才だった。彼の革新的な創造や発見は、そんな多彩な知識と経験が一つに織りあわされて生まれたのだろう。

アップル社のスティーブ・ジョブズも、創業にいたるまでの道のりで、いろいろな関心を追求していた。たとえば大学時代には、美しい文字を手書きするカリグラフィーにはまったという。コンピュータとはまったく縁のなさそうな分野である。二〇〇五年にスタンフォード大学の院生たちを前に語った、本人の話に耳を傾けてみたい。

当時の母校リード・カレッジは、たぶんアメリカでもいちばんのカリグラフィー講座を設けていたと思う。キャンパスのいたるところで目にするポスターも、いろいろな場所に張られたラベルも、みんな美しい飾り文字で描かれていた。私はすでに中退していたけれど、もぐりの学生として大学に出入りしていたので、カリグラフィーの講座を受けることにした。クラスでは、ひげ飾り《セリフ》をつけた書体とか、美しく見せる文字の配列の仕方とかを熱心に学んだ。華麗で、歴史に彩られ、繊細で……科学では味わえないそんな魅力に、私はすっかり虜《とりこ》になってしまった。

クラスで習ったことが、のちの人生で役立つとはまったく思っていなかった。けれども一〇年後、最初のマッキントッシュをデザインするとき、すべてが私の中によみがえった。私はそれをマックに注ぎこんだ。画面に美しい文字が並ぶ、最初のコンピュータの誕生である。もしも私が大学を中退しなかったら、カリグラフィーの講座は受けなかったし、マックが美しいフォントを得ることもなかったし、それを模した他社のパソコンも生まれなかったに違いない。もちろん当時、将来を見こして点と点がそんなふうに結びついていくとは想像もできなかった。けれども過去をふり返れば、結びつきはすこぶる明らかだ。

スティーブ・ジョブズが、学生のころに就職相談室を訪ねたと想像してみよう。どんなカウンセラーも、コンピュータ講座の代わりに、カリグラフィー講座を受けろとは忠告しなかったはずだ。しかし、本業とは関連のない分野へ思いきって手を出してみることが、一〇年後には大きな配当となって返ってきた。

トマス・ジェファソンが、政治家になるための最善の道を相談したとしたら？　ディナー・テーブルを囲んで、雑談に花を咲かせろとは助言されなかっただろう。アインシュタインに、カフェで油を売ってこいと忠告する人も皆無だったはずである。

もちろん、人生にそうした「カオス」を導入するときに、どんな結果が出るかは予想できない。しかし、人生であれ組織であれ、そこに小さな「余白」を組み入れることは、思いもよらない成果を招くものである。

軍隊の中の輪《サークル》

カンザス州でスティーブ・ロトコフと会った数カ月後、こんどは私のお膝元であるサンフランシスコの湾岸地区《ベイエリア》へと彼がやって来た。二人でカリフォルニア大学を訪問する際、バークリーの中心街テレグラフ・アベニューを歩きながら、スティーブが言った。「世界中のあちこちで、それまで思ってもいなかった場所へ行ったが、カリフォルニア大学バークリー校の教員クラブでランチをとるなんて、夢にも思わなかったよ」。私の親友で、バークリー校ハース・ビジネススクールの人気教授、コート・ワージントンに会うためである。

豆腐サラダのランチを食べながら、私はスティーブとコートに向かってこう言った。

「二人を引きあわせたのは、陸軍の士官たちに〝余白〟について教える必要があるからだ」

計画について話しはじめると、スティーブはさっそく緑色の表紙のノートをとり出した。会議やミーティングの内容を細大もらさず記録するための一冊である。自宅のクローゼットには、これまでに書きためたノートが何箱にも収められているという。

ランチのあと、私たちはコートのオフィスへと席を移した。彼がホワイトボードの前に立つと、スティーブはノートの新しいページを開いた。コートが口火を切った。

「計画しているのは一週間の研修プログラムだ」

「なるほど、結構だ。で、スケジュールは?」と、スティーブが問う。

コートは太いブルーのマーカーを手にすると、縦一列を一日として一週間分のカレンダーを記した。「一日を三回のセッションに分けようと思う。最初のセッションは九～一二時で、ランチは一二～一時。いいな、オリ?」

私はうなずいた。ランチに一時間は妥当なところだろう。

「そして午後のセッションは、一～四時と七～一〇時の二回」。コートが話す間、スティーブは几帳面にノートをとりつづけている。「最初のセッションでは、全員で一つの輪《サークル》をつくる」

カレンダーの該当する時刻のあたりに、コートは丸い円を描いた。スティーブも同じようにノートに記す。

「二番目のセッションでも、また輪をつくる」。二つ目の円をノートに描きながら、スティーブが言った。

「ちょっと待った。その〝輪〟っていうのはなんだ？」

コートと私は、顔を見あわせた。そしてコートが答えた。「ああ、輪になって座ることだ」

「それで……なにを話しあう？」

「みんなが話しあいたいことを、話しあえばいい」

「私たちが議論をリードするのか？」。スティーブはなんとか趣旨を理解しようと、真剣にたずねる。

「いいや！」。ほとんど機嫌を損ねたようにコートが答えた。「私たちの仕事は、グループに進むべき道を見いださせることだ」。そう言うと、さらにスケジュールの話をつづけた。

「三番目のセッションでも、また輪をつくる……」

スティーブは、いくつもの円が並ぶホワイトボードを、唖然《あぜん》とした表情で見つめていた。

「つまり、丸まる一週間、ただ輪になって座っているということか？」

「座っているだけではない。ランチもあればディナーもある！」

その日の夕方、サンフランシスコへ帰る車の中で、スティーブはやんわりと言った。

「いいかい、これは政府のプログラムで、私はその資金が有効に使われることへの責任がある。参加するのはイラクやアフガニスタンで活躍したベテランぞろいだ。けっして暇な人間たちではない」

「だから、時間の浪費は避けたい、と」。私は言葉をはさんだ。

「スケジュールを記したノートに並んでいるのは、いくつもの輪だけだ！」。スティーブは少しいらだっていた。

中身は空っぽに見える輪だが、じつはそこには多くのものが詰まっている。無益な研修ではけっしてない。盛りだくさんの計画を立てたい気持ちはわかるが、輪という「余白」からは劇的な成果が生まれるはずである。

つまりはこういうことだ。あまり厳格に規律や秩序を導入したり、一つの仕事に集中しつづけたりすると、やがて脳の活動は停滞する傾向がある。創造力を失わないためには、「余白」が必要なのだ。私はそう確信している。

そんな「余白」の効用をよく理解するために、人間の頭の中をちょっとのぞいてみよう。神経科学者も驚いたことに、人生に少しばかりの「カオス」を導入することで、人間の脳のある部分が大いに活性化するという。斬新なアイディアや問題解決法も、そうして生まれるのである。

第4章

ひらめきの神経科学

THE NEUROBIOLOGY OF INSIGHT

動きだす摩天楼

それは建築家フランク・ゲーリーの設計による、最初の摩天楼になるはずだった[1]。ニューヨーク市マンハッタンの空にそびえ立つ、七六階建ての「8スプルース・ストリート」だ。当時、居住用ビルとしては西半球でいちばん高かった建物である。しかし、ゲーリーは行きづまっていた。

フランク・ゲーリーは、きわめて個性的なデザインをすることで知られている。スペインのビルバオ・グッゲンハイム美術館、ロサンゼルスのウォルト・ディズニー・コンサートホール、シアトルのエクスペリエンス・ミュージック・プロジェクト……。ゲーリーの設計する建物は、いずれもスース博士の絵本や『不思議の国のアリス』から飛び出たような、奇抜に見えるものが多い。外壁をチタンなどの意外な素材で覆ったり、驚くような形にひねったりもおなじみだろう。建物に「動き」をあたえるのが、ゲーリーのトレードマークだ。どこか別のところへ行こうとしている途中で、急に引きとめられたかのような、そんな勢いを表した作品もある。スペインのエルシエゴに建つホテル・マルケス・デ・リスカルなどは、チタン・パネルが幾重にもうねる屋根が特徴的だ。毛布やシーツが何枚も散乱する、寝起きの巨人のベッドのような印象がある。ゲーリーの作品をはじめて目にした人は、この世にこんな建築物が存在するのか、という畏敬の念にめまいさえ覚えるだろう。チェコスロバキアの首都プラハに建つ通称「踊るビル」は、その名のとおりダンスをする二人の男女のような形をしている。映画で有名なダンス・コンビ、フレッド・アステアとジンジャー・ロジャーズにちなんで、「フレッド・アンド・ジンジャー」とも呼ばれる建物である。

ゲーリーの建物は、どれもユニークで、お金もかかっており、一つの芸術作品といえる。しかし、ニューヨークに建てる摩天楼にはいくつかの障害があった。限られた予算、狭い空間、そしてなによりも、集合住宅というごく平凡な建物をいかに芸術作品の域にまで高めるか、という問題である。

美術館を建てるのなら奇抜なデザインもいいだろう。だが、集合住宅はそうはいかない。求められるのは形ではなく機能性だ。より多くの人がより便利に暮らせる空間である。

ゲーリーがマンハッタンに建てる高層マンションも、もちろん例外ではない。各戸はワンルームから3LDKまであり、賃貸または分譲される。不況を反映して、不動産業者は一平米あたりの収益を最大限に追求している。

ゲーリーは、あらゆる設計上の工夫を試みた。しかし、彼のトレードマークである「動き」は表現できない。

そこで最初に考えたのが、文字どおり建物にひねりを加えることだった。ドイツのハノーバーで彼がデザインした、九階建ての通称「ゲーリー・タワー」がその手本だった。まるで巨人がビルの頭をつかみ、時計方向にひねったような外観である。

けれども、九階建てのオフィス・ビルをひねるのと、七六階建ての高層マンションをひねるのとは、まったく話が別である。ねじれた建物の中に上下水道用のパイプを張りめぐらせるのは、まさに至難の業といえるだろう。摩天楼の行く手には、大きな問題が立ちはだかっていた。

幻想的な形状でありながら、必要な配管を組みこむにはどうすればいいのか？　何度デザインと格闘しても問題は解決できなかった。いっそ流れるような輪郭をもった丸みのある建物にしようかと思ったこともあったが、条件を満たすデザインは生まれなかった。

ゲーリーの陥っていた苦境は、一九世紀のロシアの科学者、ドミトリ・メンデレーエフの窮境ともあい通じるだろう[2]。メンデレーエフは、ペテルブルグ大学の化学教授で、地質学や物理学の研究にも携わっていた。

一八六九年、メンデレーエフは光明の見えない化学の問題を抱えて悶々《もんもん》としていた。当時は研究もあまり進んでおらず、知られていた元素も六三種類だけである。

化学者たちは何年もの間、そうした元素の性質の解明や類別に明け暮れていた。鉄のように水にぬれるとさびる元素もあれば、金やアルミニウムのように湿った環境でも影響を受けないと思われる元素もある。それはなぜなのか？

メンデレーエフも、そんなひたむきな研究者の一人だった。六三個の元素を分類するための客観的指標を探し求め、幾晩も徹夜で研究に没頭していた……。メンデレーエフもゲーリーも、難問を解決しようと必死だったのである。

ここで、私たちも二人の身になって考えてみよう。たとえば、あるプロジェクトを成功させようと奮闘している。しかし、眼前には大きな障害が立ち現れた。解決策は絶対にあるはずだと信じるものの、妙案はまったく見えてこない。焦りは募る一方だが、問題を解決することも、そして手放すこともできない……。

そんなとき、あなたならどうするか？　わき目もふらず、問題に真っ向から取り組むか？　クリアすべき課題をすべて書き出し、一つずつ丹念につぶしていくか？　新たな視点やアイディアを求め、友人や仲間や専門家に相談してみるか？　たいがいの人は、懸命に努力し、仕事に集中し、真正面から向きあうだろう。

けれども、あなたの内なる混沌にしばし身をゆだねてみるのも一つの方法である。その瞬間、思いもよらない発見が訪れるかもしれない。人間の脳は、そんな突然のひらめきを生み出すよう、もとから配線されているのである。神経科学の進展は、そうした現象の背後にある驚くべきメカニズムを、私たちの前に明らかにしてくれる。

ノイズではなかったノイズ

科学者たちは長年にわたり、脳のどの部分がどんな役割を果たすのかを、なんとか解明しようと努めてきた。本を読むときにはここ、友達の顔を見分けるときにはそこ、と。一九九〇年代になると、「ｆＭＲＩ（機能的磁気共鳴画像法）」という、脳の活動に関連した血流をコンピュータで視覚化する技法が導入され、科学者たちは知性の働きを垣間見ることができるようになった。

たとえば、ｆＭＲＩの被験者に配偶者や恋人の写真を示せば、脳のどの部分が愛情や性とかかわるかを見てとれる。またホラー映画を見せれば、恐怖を感じたときに活性化する部位を特定できるというわけだ。

しかし科学者は、人間がなにかの課題《タスク》に意図的に取り組むときの脳の働きに、あまりにも目を奪われていた。そのため、全体像が見えてこなかった。脳は自動車と同じように、特定の部分が特定の役割を果たすに違いないという視点でしか観察していなかったのである。ブローカ領は言語をつかさどり、扁桃核は恐怖感情とかかわり、新皮質は意識的な思考を受けもつ……。

自動車は、エンジンを切れば各部も同じように停止する。それなら人間も、特定の課題に携わっていないときは、脳の各部も活動を休止または低減しているはずだと考えたのだ。しかし、話はそう単純ではなかった。

ｆＭＲＩの被験者が課題に取り組むのをやめると、その課題を処理していた脳の部分も休止する。装置が読みとる神経活動の信号が低減するわけだ。けれども、科学者たちは奇妙な現象にも気がついた[3]。課題に携わっていた脳の部分はたしかに休止するものの、別の部分が突如として生気を帯びるのである。特定の任務を課せられたわけでもないのに、脳はなぜ〝活気づく〟のだろうか？　この現象は、被験者がなにもせずにぼんやりしているときに見られる。研究者たちは当初、昔のブラウン管テレビが、深夜の放送終了後に雪の降るような画面を映したのと同じく、装置がとらえた信号も無意味な「ノイズ」ではないかと判断した。

しかし、それがただのノイズではないとしたら？　でたらめな信号ではないなら？　脳の働きを知らせる重要ななにかだとしたら……？

セントルイスにあるワシントン大学の神経科学者マーカス・レイクルは、この奇妙な「ノイズ」に大いに関心を引かれた。

そこでレイクルは、ほかの神経科学者とともに研究に乗り出した。その結果、脳が「余白」の状態にあるときの驚くべきメカニズムについて、いくつかの重要な手がかりを得たのである。

最初の手がかりは、人が特定の課題に取り組んでいるときの脳を分析した、さまざまな研究データを参照しているときに見いだされた。ｆＭＲＩ装置の中に横たわる被験者は、比較のために安静時のデータも収集されるため、最初にこんな指示を受ける。「目をつぶり、リラックスして、体も動かさずに、なにも考えないようにしてください。ものを数えたり、頭の中でなにかを唱えたりしてもいけません」。研究者は、こうして被験者の安静時のデータをまず収集してから、特定の課題に取り組ませるのである。

レイクル博士は、被験者の安静時と課題実行時における脳の活動量の違いに注目した。つまり、脳がオンのときとオフのときの差に目をつけたのである。たとえば、あなたはいまソファに座り、午後の陽だまりの中で小説を読んでいるとしよう。本をしばし膝の上に置くと、ストーリーにあれこれ思いをはせる。けれども心はじきにさまよいだし、とりとめのない空想へとつながっていく。あなたは本をふたたび手にとり、ページの活字を追いはじめる……。問題は、本を真剣に読んでいるときのほうが、ぼんやり白昼夢にふけっているときよりも、脳がどれほど多くのエネルギーを費やしているか、という点である。

驚いたことに、レイクル博士の発見によれば、まったく異なる二つの状態の間で、脳の活動量にはほとんど差がないことがわかった。意図してなにかに神経を集中しているときと、心を自由にさまよわせているときとの差異は、わずか五パーセント以下にすぎない。

では、人が白昼夢にふけっているとき、脳がもつ潜在能力のどれくらいを使っているのだろうか？　答えは八〇〜九五パーセントである。ぼんやりしているときでさえ、あなたの脳ミソはほとんど全力で機能しているのである！

ちなみに、被験者がふたたび課題をあたえられると（たとえば本をまた読みはじめると）、安静時の脳の活動はすっかり停止する。ということは、脳が特定の課題に集中していないときも、明らかになにかが起きている。なにが起きているのかはわからないが、脳はそのプロセスに多大なエネルギーを使っている。

レイクル博士は、さらに二番目の手がかりも得た[4]。被験者がなにかの課題に取り組んでいないとき、つまり「余白」の状態にあるときには、脳の特定の部分がつねに活性化するのである。その部分とは、たとえば「後帯状皮質」（過去の出来事《エピソード》に関する〝エピソード記憶〟をつかさどる）、「楔前《けつぜん》部」（意識や思考にかかわる）、「腹側前帯状皮質」（感情を受けもつ）といった一〇の領域である。

毎回活性化するのは同じ領域である。しかも、そうした脳の部分は相互に情報をやりとりしているようだ。こうした神経細胞間の交信がノイズだといえるのだろうか？

つづいて、三番目の手がかりもあった[5]。前述の一〇の領域を結ぶ中心となる部分には、二つの独立したルートで血流が供給されている。脳の大半の部分よりも、万一の外傷や出血にも影響されにくいわけだ。

人間の体は、肝臓や腎臓をはじめ重要な機能をもつ器官には、十分な血流をつねに確保する仕組みになっている。「保険の役割を果たしている」と、レイクルは説く。脳についても同じことがいえるだろう。

レイクル博士は、こうして脳の重要な働きに気づきはじめた。後帯状皮質をはじめとする一〇の領域は、いろいろな機能を担う脳の各部を接続する、広範なネットワークを形成しているようだ。しかも、人間が特定の課題に取り組んでいないとき、つまり脳が「余白」の状態にあるときは、そこが自動的に活動するよう、いわば「デフォルト設定」されているのである。レイクル博士は、それを「デフォルト・モード・ネットワーク」と名づけた。

そしてさらに、このネットワークに関する四番目の手がかりがあった。それは、脳に関する学者の認識を揺るがすものだった。

世界を理解するための機能

人間の脳は、きわめて精度の高い機械《マシン》といえる。言語や記憶や思考をつかさどる多様な部分が、あたえられた課題に応じて活性化するわけだ。こうした考え方に従えば、課題がないときは、脳はあまり積極的に働かないということになる。

しかし脳は、心臓や肺などの人体のさまざまな器官となんら変わりがない。私たちが眠っているときでも、それらは働きつづけている。脳も想像以上の時間を、デフォルト・モードに費やしているのである。

神経科学者たちの長期にわたる研究によれば、デフォルト・モード・ネットワークが停止することはないという。被験者がリラックスし、白昼夢にふけっている間は、ずっとデフォルト・モード・ネットワークが活性化している。

人間がぼんやりしているときも、この脳の領域は懸命に活動をしている。あなたが窓の外をなにげなく見ているときも、のんびり散歩を楽しんでいるときも、すべてを忘れて眠りにつくときも……。

じっさいネットワークは、私たちが特定の課題に集中しないかぎり、つねに「オン」の状態にある[6]。つまり、あなたが課題をこなすために「邪魔」をしないかぎり、いつでも働いている。

とはいえ、有用な成果が生まれる保証のまったくないネットワークの活動に、なぜ脳は多くのエネルギーを費やすのだろうか？

その問いに答えるために、しばし本から視線を上げてまわりを見てほしい。あなたの目は、膨大な量の情報をキャッチしている[7]。じっさい、毎秒約一〇〇億ビットの視覚情報が網膜に達する。そして、そのうちのわずか六〇〇万ビットのみが視神経を伝わり、さらに一万ビットだけが大脳皮質の視覚野へと届く。

あなたの意識にまで達するのは、さらにその中の一〇〇ビットにすぎない。なんと低い確率だろう。私たちの意識は、目のとらえた情報の〇・〇〇〇〇〇一パーセントしか把握しないのである。

じっさい、大脳皮質の視覚野にある何十億ものシナプス（神経細胞間の接合部）のうち、目のとらえた視覚情報の伝達にかかわるのは、わずか一〇パーセントだ。だとしたら、残りの九〇パーセントはなにをしているのか？　視覚データのごく一部しか意識に届かないのなら、人間はどのように周囲の世界を把握するのだろうか？

外界について知ることの大部分は、脳の内部での処理から生まれる、というのがその答えだ。人間は外部から得たデータの欠落を、過去から現在にいたるまでの膨大な記憶や、部分から全体を推論する能力などを駆使して補っている。残りの九〇パーセントは、そうして世界を「理解」するために使われているのである。

つまり人間の脳には、外部の世界に関する一連のストーリーが蓄積されている[8]。あとは、新たに得た視覚情報がこのストーリーと一致するかどうかを照合しさえすればいい。このストーリーは、手に入れた情報に従い、たえず更新される。

そんなことをするのは、膨大な視覚情報にたいし、それを処理するエネルギー量を効率化するためだ[9]。科学者たちの発見によれば、デフォルト・モード・ネットワークは、この脳内ストーリーをたえずつくり出している。とりこんだ情報にたいして、こんな質問をくり返しているのだ。この情報にはどんな意味があるのか？　これまでの経験とどう違うのか？　どの経験と似ているか？　この情報によれば、これからどうなるのか？

たとえばいま、魅力的な仕事のオファーを同時に二つもらったとしよう。一方は、クリエイティブな活動を展開する新興企業。他方は、チャレンジ精神には少し欠けるが大手の会社だ。あなたは両社の長短をリストアップし、友人たちにも相談をした。自分の特性と将来を考えたとき、どちらを選ぶべきだろうか……。どうにも決めかねていたある日、散歩の途中でふとある思いが頭をよぎった。高校と大学の学園祭で、みずから立案した企画を成功させたときの、あの鳥肌が立つような大きな喜びの記憶である。あなたは、迷いも吹っ切れ、新興企業を選ぶ決断を下した。なにも考えていないときにこそ、デフォルト・

モード・ネットワークは活性化する。そして、眼前にある職業選択の問題と、遠い過去の忘れかけていた記憶とを結びつけた。課題に没頭しているときにはけっして生まれない、無縁に見える要素どうしを結合させたのである。

人を決断へと導く発見や気づきも、そうしてリラックスした環境の中で、脳を特定の問題に占領させることなく、さまざまな思いが自由に浮かび上がれる「余白」を確保することで生まれてくるといえるだろう[10]。ワシントン大学のイベット・シェライン博士はこう語る。「人間は、デフォルト・モード・ネットワークで未来を思い描きます。そこは、自分の内なる環境を見わたす場、頭の中になにがあるかを調べる場です。私たちはそこで予測をし、行動を計画しているのです」

要するに、脳は、驚くべきデフォルト・モード・ネットワークの活動を通じて、毎日とりこんでいる膨大な量の情報を結びつけている。それは、情報の取捨選択をおこなうだけではない。異なるデータや情報の橋渡しをし、それらをつなぎあわせ、世界の把握を促す。

だが問題は、このネットワークが無意識に働くということだ。データや情報の結びつけは、意図的におこなうことも予測することもできない。そこで「余白」の出番となる。「余白」は、新たな結びつきをつくり出す。課題に熱心に取り組んでいるだけでは思い浮かばない斬新な解決策が生まれるのはそこだ。

フランスの小説家、マルセル・プルーストの『失われた時を求めて』には、こんな印象的な場面がある[11]。母親の家でなにをするともなく座っていた主人公が、目の前に置かれたマドレーヌを一口食べたときのことだ。デフォルト・モード・ネットワークがにわかに活性化し、菓子の味から幼時以来のさまざまな出来事が次々と脳裏に浮かんでくる。

プルーストは、マドレーヌの味から、子供のころにマドレーヌにかじりついた記憶を思い出す。そこからさらなる記憶が掘り起こされる。過去から現在へとストーリーが流れていき、プルーストは自分の人生に意義を見つける。この記憶と意義から、おびただしい感情が生まれてくる。デフォルト・モード・ネットワークは、感情の処理の仕方とも関係しているからだ。このようにマドレーヌは、無意識のプロセスを通じて、記憶、意義、ストーリーの奔流を引き起こした。しかしプルーストの意識においては、それは一瞬のことでしかない。

プルーストのデフォルト・モード・ネットワークは、かなり長い時間をかけて、これらの記憶や知識と感情を結びつけていたのだ。

こうした結びつきの連鎖を刺激するのに欠かせないのが、なににも集中する必要のない時間だ。マドレーヌを食べる以外になんの課題もないという脳の「余白」が、無意識下にあったさまざまな情報を、主人公の意識へと浮上させる機会をつくったのである。

もちろん、一日中ぼんやりと椅子に座っているだけで、脳が魔法のような働きをしてくれ、天才的なひらめきが次々と生み出される、などと主張しているのではない。長期間にわたる懸命な仕事のあとには、得られたすべての成果や知識を整理・統合するためにも、ときにはリラックスして心を自由にさまよわせ、デフォルト・モード・ネットワークを活性化させることも必要なのである。見えなかった重大な意味や、進むべき正しい道も、そこから見いだされる。

デフォルト・モードと「余白」

デフォルト・モード・ネットワークの力を理解するために、脳の各部がどのように結びついてネットワークを形成しているのかを見てみよう[12]。このネットワークの中心にあるのは、後帯状皮質である。後帯状皮質は、記憶（特に自分自身の記憶）を呼びもどすうえで重要な役割を果たしているが、それ以上に有益な役目もある。

神経科学者が述べているように、後帯状皮質には、周囲の環境がどのように変化しているかをたえずチェックし、その情報にもとづいて新たな決断を下す働きがある。新たなデータをとりこむたびに分析し、「新たなアプローチが必要なほど環境が変わったか?」とたずねる。答えがイエスなら、行動を改めるよう指令する。状況に適応するよう促すのである。

市況が変わりつつある、従業員に新たな課題を設けるべきだ、夫や妻が不満を抱いているなど、後帯状皮質はさまざまな警告を発してくれる。脳に組みこまれたこうした無意識のメカニズムは、意識的な思考よりもはるかに有能である。しかし「余白」がなければ、後帯状皮質はなにも教えてくれない。脳のこの部分を機能させるためには、なににも集中していない時間が必要だ。

デフォルト・モード・ネットワークには、もう一つ重要な部分がある[13]。それは楔前部である。ここは、自分を省み、自分の特徴と周囲の人間の特徴を比較する能力をつかさどる。つまり、後帯状皮質でエピソード記憶と現在のデータを照合し、楔前部で自分と向きあうのである。この二つの部分がどのように連携しているかを知るために、ここで再度、フランク・ゲーリーが悶々としていた摩天楼の難題に立ち返ってみよう。

ゲーリーは、自分らしい建物をなんとか設計しようと、毎日、夜がふけるまで格闘をつづけていた[14]。そんなある晩、大きな悟りが訪れる。その様子を彼はこう語っている。

「あれは、とてつもない発見の瞬間だった。真夜中の三時に、ベルニーニが突如として頭に思い浮かんだんだ」

昔から、画期的な発想が生まれるのは、まさに一瞬の出来事のように考えられがちだろう。古代ギリシア人は、霊感をつかさどる女神がひらめきをもたらすと想像した。アイディアは突然、稲妻の一撃のように降ってくる、と。しかし、デフォルト・モード・ネットワークについて知れば、さらに説得力のある解釈が得られるはずだ。すぐれたアイディアは、それに気づくずっと以前から当人の頭の中で眠っているのである。

ゲーリーがイタリア・バロックの偉大な彫刻家ベルニーニの『聖テレジアの法悦』をはじめて見たのは、もう何十年も前の三〇歳のときだった[15]。

この彫刻は、修道女テレジアが天使と出会った神秘体験を描いた作品である。ベルニーニは大理石に命を吹きこむように、目を閉じて口をわずかに開いて横たわる修道女の恍惚《こうこつ》とした表情をみごとに活写している。そして、彼女の内なる情動の強さを表すかのように、まとった衣服もまた躍動的に波打っているのである。

ベルニーニの彫像は、ローマのサンタ・マリア・デッラ・ヴィットーリア教会の小さな礼拝堂に置かれている[16]。ミサの間しか見ることができず、そのときでさえ、会衆席の最前列にまで進んで身を乗り出し、狭い祭壇をのぞきこむようにしないと見えない。ゲーリーはこう回想している。「どんなふうに十字を切ったのかよく覚えていないんだ。若い司祭が大笑いしていたよ。私は最前列にいて、ほかの人がひざまずいたときにひざまずこうとしたんだけど、その姿がぎこちなかったんだろうね。身を乗り出していたから」

そのとき若き建築家はこの彫像を見た。そして、聖テレジアの衣服の流れるような美しい襞《ひだ》を脳裏に深く刻みこんだ。その映像が、数十年後の午前三時にゲーリーの頭にひらめいたのである。

すべてが眠りにつく夜ふけ、ゲーリーの脳にもやっと「余白」が訪れたとき、命を吹きかえしたデフォルト・モード・ネットワークは、意識的にはなしえない絶妙な結合を生み出した。遠い過去の記憶の中から、埋もれていたベルニーニの彫像を掘り起こし、現在の問題と巧みに結びつけたのである。摩天楼の難題を解くために求められた、まさに新たなアプローチであった。

聖テレジアの彫像のイメージから、ゲーリーはすばらしい解決策を見いだした。ビルはまっすぐに建てるが、外壁にベルニーニ流の襞を施すことで、トレードマークの動きを描き出そうと考えついたのである。

建物全体をひねる代わりに、各階の出窓部分を左右に少しずつずらしながら積み重ねることで、岩場を流れ落ちる滝のようなイメージが巧みに表現された。高さ二六五メートル、七六階建ての鉄筋高層マンションは、マンハッタンの空を背景にあたかも液体がうねるようにそびえ立っている。

フランク・ゲーリーは、ジグソーパズルのすべてのピースを、脳の中にすでにもちあわせていた。しかし、そこから意味のある全体像が紡ぎ出されるには、頭を占領する難題をしばし手放す、眠れない午前三時の「余白」を待たなくてはならなかった。そのとき、デフォルト・モード・ネットワークは、記憶の深淵に手を伸ばし、修道女テレジアの流麗な襞のイメージを呼びもどし、摩天楼の難題へと結びつけたのである。ゲーリーにとって、それはまさに仕上げの一瞬だった。意識は長い旅路のすえに、無意識がそうしてもたらす最後の成果を、「わかった！《ユーレカ》」という感嘆の叫びとともに迎え入れるのである。

夢が解いた難問

一九六〇年代半ば、ゼロックスの研究者ゲーリー・スタークウェザーは、高速複写機の製作に取り組んでいた[17]。

ゼロックスはコピー機の会社である。既存の映像を写し撮り、複写する製品を製造している。スタークウェザーは言う。「一九六七年のある日、私は研究室で大型汎用コンピュータをぼんやり見ていた。そのときふとこう思ったんだ。『ほかの人がもっている原本をコピーする。それがコピー機の仕事だ。そうではなく、コンピュータを使って原本そのものを作成できないだろうか？』」と。

あるいはこうも述べている。「ある朝、目が覚めたときにこう思ったんだ。『原本を直接プリントアウトしたらいいんじゃないか？』」。そこでスタークウェザーは、レーザーによって映像を形づくる新たなテクノロジーに目を向けた。その結果生まれたのが、レーザープリンターである。

このエピソードは、アインシュタインが一般相対性理論を発見した物語とよく似ている。

アインシュタインは特許局で椅子の背に体をあずけていた。そのときにふと、空中を落下している人は自分の体重を感じないのではないかということに気づいたのだ。こうしてアインシュタインは、重力や空間に関する考え方を再構築することになった。

レーザープリンターに関するスタークウェザーのエピソードは、ドミトリ・メンデレーエフの身に起きたこととも無関係ではない。

メンデレーエフは、当時知られていた六三個の元素を、なんとか論理的に整理・分類できないかと頭を悩ませていた。一八六九年、徹夜が三日もつづいたその晩、ついに目を開けていられなくなった彼は、頭をうなだれて眠りに落ちた[18]。

デフォルト・モード・ネットワークが働きはじめたのは、そのときである。メンデレーエフはその居眠りの最中に、夢の中ですべての元素が整然と並んだ分類表をはっきりと見た。目覚めた彼は、猛烈な勢いでその表を書きとめた。

メンデレーエフの慧眼《けいがん》は、元素を原子量の順に並べたことにある。そのとき突然、すべてがぴたりと収まった。なぜ金はさびないで、鉛の比重は大きいのか？　こうした元素の性質を決めているのは、陽子と中性子の数だったのだ。

メンデレーエフはこの元素表を作成する際、あいている場所をわざとあけたままにしておいた。そこに当てはまる新たな元素がこれから発見されることを見越してのことである。

この表こそ、現在よく知られている元素の周期表である。一八七〇年、メンデレーエフはこの周期表を発表したが、大方の反応は否定的だった。しかし五年後、ガリウムという元素が発見され、それが周期表のあいている場所にみごとに収まった。メンデレーエフの周期表は、既存の元素を分類・整理するだけのものではない。新たな元素の道しるべともなるものだった。

アインシュタインもまた、一九〇五年五月、同じような大発見の瞬間を経験している[19]。その日、友人のミケーレ・ベッソに会ったアインシュタインは、時間とエネルギーの謎を解くことはもはやできないとあきらめて敗北を宣言すると、家に帰って眠りについた。ところがその瞬間、すべてが解決した。こうして、特殊相対性理論が生まれた。

メンデレーエフもスタークウェザーもアインシュタインも、抱えた問題を多くの時間を費やして考えぬき、あらゆる努力を惜しまなかったからこそ、すぐれた成果を得られたのだろう。しかし同時に、彼らの手にした革新的な発見は、小さな「余白」がなければ生まれなかったはずである。メンデレーエフが眠りに落ちたときも、デフォルト・モード・ネットワークが活性化し、吸収したあらゆる知識と経験を、そして知りえたすべてを結びあわせ、そこから美しいほど鮮やかな解法を導き出したのである。

デフォルト・モード・ネットワークは、莫大な収益をもたらす一つのアイディアにも大きな貢献を果たしている。グーグル社は、創業当初から広告の収益に注目していた[20]。いわゆる「クリック課金広告」は、ユーザーが検索画面に表示された宣伝をクリックするたびに、広告主がグーグルに指定の料金を支払うというシステムである。目立つ掲載位置を確保しようと、広告主は競って高い料金（クリック単価）での契約を結んだ。

しかしこのシステムには明らかな問題が一つあった。ユーザーが広告をクリックしないかぎり、グーグルには一銭も入ってこないのである。たとえば、ある広告主が高いクリック単価を払い、目立つ場所を獲得したとしよう。ところが商品に人気がなかったり、宣伝に魅力がなかったりしたらどうか？　ユーザーはその広告をクリックしないし、目立たない位置に掲載された、もっと魅力的な製品やサービスも見逃してしまう。そこでグーグルは、クリックされる可能性が高い広告に「特等席」を譲ることに方針を転換した。たとえ支払うクリック単価は低くとも、クリックされる回数が一〇倍も多ければ、目立つ掲載場所を提供しようというわけだ。クリック単価よりもクリック回数を重視するこの小さな変革が、グーグルの広告サービス「アドワーズ」（AdWords）を、百万ドルから数十億ドルのビジネスへと昇格させたのである。

グーグルは、いかにしてこのアイディアを生み出したのだろうか？　実話か噂話《うわさ》か定かではないが、グーグルのとあるオフィスで、二人のエンジニアがビリヤードに興じていたときに妙案が浮かんだという。その光景をぜひとも想像してみてほしい。一人はテーブルの上に身を乗り出し、キューを握り、慎重に狙いを定めている。しかしもう一人は、手持ちぶさたな様子でそばに立ち、ぼんやりと宙を眺めながら、自分の出番をただ待っている。エンジニアが何カ月も抱えていた問題を解決すべく、デフォルト・モード・ネットワークが始動したのはそのときだった。ぼんやりと立つ彼の頭の中で、ネットワークは過去のすべての思考と情報の断片をつなぎあわせ、一つの解決策を浮かび上がらせた――クリック回数の重視である。検索キーワードと表示される広告は、そのためにも関連性ができるだけ高くなくてはならない。

突然のひらめきは、だれにでも経験があるだろう。長いこと格闘してきた問題が、無意識のうちに解決される輝かしい瞬間である。真実であれ都市伝説であれ、ビリヤードの逸話がくり返し語られるのも、そんな期待と親近感があるからだろう。ひらめきを待ち望んで、積極的に脳に「余白」をとり入れる人もいる。キッチンでひたすら食器を洗ったり、のんびり散歩に出かけたり、ゆっくりシャワーを浴びたり、ぼんやりテレビを見たり……。神経科学者たちは、そんなおなじみの現象の背後にあるメカニズムを、ようやく説き明かしてくれたのである。

J・K・ローリングは、マンチェスターからロンドンへと向かう途中、事故で立ち往生した列車の窓から、ぼんやりと外の景色を眺めていたときの様子をこう記している[21]。「そのアイディアは、どこからやって来たのか見当もつきません。でも、とにかくやって来たのです……完璧な姿で。列車の中で、突然、基本的な構想が頭に浮かびました。本当の自分をまだ知らない男の子が、魔法使いの学校に通う……。ハリーにはじまり、次にはすべての登場人物と場面が、一気に頭の中に流れこんできたのです」

こうして、『ハリー・ポッター』は生まれたのである。

そんな話を聞くと、自分はたいしたことをしなくても、すばらしいアイディアは向こうからやって来るものだ、と信じたくなる。しかし、それは大間違いである。ローリングは、六歳のときから物語を書きつづけていた。メンデレーエフは、周期律の発見の契機ともなる名著『化学原論』の執筆に三年を費やした。アインシュタインは、宇宙の諸問題と一〇年以上も向きあった。そしてゲーリーは、摩天楼の難題に苦悶の日々を捧げつくしていた……。だれもが、突然のひらめきが訪れる前に、脳に山ほどの「仕込み」をしていたのである。

そして、最後の「仕上げ」に必要だったのが、「余白」にほかならない。

組織のリーダーなどには、もちろんジレンマもあるだろう。部下のデフォルト・モード・ネットワークが働きはじめ、ひらめきの瞬間が訪れるまでじっと待つべきか、それとも尻をたたくべきか……？　いずれにせよ、ネットワークが威力を発揮するのは、懸命に働き、多くのデータを集め、さまざまな解決策に頭をめぐらせたあとのことである。そして、しかるべき方策がどうにも見つからないときは、むしろ仕事にだけ没頭するのは逆効果だ。神経科学が説くように、そんなときこそ問題とは少し距離を置き、脳に小さな「余白」を導入することが大切なのである。

夕暮れの散歩

九歳のとき、私は家族とともにイスラエルのテル・アビブから、テキサス州のエル・パソへと移住してきた。父が電気技師としての技量を磨くため、アメリカの大学に通うことに決めたからである。

私と兄にとって、テキサスへの移住は胸躍る冒険だった。しかし両親にとっては大きな賭けだったに違いない。家族と友人、そして慣れ親しんだすべてを祖国に残してきたわけだ。銀行から全財産を引き出し、砂漠のはずれに建つ小さなアパートに間借りすることになった。

毎日、父は午前六時に起き、しばらく勉強し、家族と短い朝食をとり、大学へ向かうバスに乗り、帰宅し、また勉強し、短い夕食をとり、一〇時か一一時までさらに勉強をつづけた。

家庭と学業のバランスをとるのは、さぞや大変だったに違いない。

だが、父には同じように大切な日課がもう一つあった。毎晩、太陽がようやく沈み、四〇度近い昼間の熱気が収まると、必ず散歩に出かけたのである。

私もたまに同行したが、家の近くの丘へ登り、細い道を歩きまわった。話すべきことはあまりなかったし、見るべきものも（サボテンと、ときおり姿を現すノウサギ以外には）あまりなかった。

そんな散歩の最中に、父は驚くような発見をしたわけではない。元素を分類する新たな方法を考え出したり、ベストセラーになる物語の筋書きを思いついたりもしなかった。しかし父にとって、そこで享受していた「余白」こそが、日々を乗りきるために不可欠だったのだと私は思う。

しばらく前に、父は長く携わっていた電気技師としての仕事を引退した。自宅を訪ねた際、かつての散歩について訊いてみた。すると、ずいぶんと考えたすえに、技術者らしい簡素な言葉が返ってきた。「毎晩の散歩は、とても大切なひとときだった」

散歩であれ小学生の夏休みであれ、暮らしの中に「余白」を導入することは精神衛生上も欠かせない。それまでに詰めこんだ膨大な情報を処理する機会を、脳にあたえるためである。しかし現代社会では、すべてにより多くの時間を費やしたほうが、よりよい成果が得られると考えられがちだ。

たとえば来週までに、大きなプロジェクト案を完成させなくてはならないとき、あなたはどんな時間の使い方をするだろうか？　昼休みも返上して夜遅くまで働くか？　神経の集中を妨げるものはいっさい排除するか？

想像するに、あなたが考えもしないのは（そして考えるだけでも不安になるのは）、ただぼんやりと過ごすための小さな「余白」をとり入れたり、分刻みの計画に少しの「カオス」を組み入れたりすることだろう。

でも、ここで思い出してほしい。神経科学者たちは当初、人間の脳は自動車みたいなものだと考えた。エンジンを切れば、脳の各部も停止するはずだ、と。

たしかに、製品をつくることが中心だった製造時代には、管理者の関心は組み立てラインで働く労働者の「身体」にあった。身体を長時間にわたって使えば、生産量もそれだけ増加したからだ。

だが、情報時代となった今日、マネジャーたちの関心は、働く者の「身体」の管理から「頭脳」の管理へと移行しつつある。じっさい、休息しているときの「身体」は、なにも生産しない身体にすぎない。一方、休息しているときの「頭脳」は、マネジャーと企業にとって大きな財産である。長時間にわたって休みなく問題に取り組みつづける労働者は、さまざまな情報を統合し、洞察に富んだ解決策を導き出すための「余白」を、脳にあたえるチャンスがない。

前章でも紹介した、小学校の休み時間の問題などもしかりだ。現場の教師たちと同じように、企業の管理者も効率至上主義に陥ってはいないだろうか。学校であれ職場であれ、頭の中にあふれる膨大な情報を整理統合し、真に創造的な活動をするために、すべてから解放される休息のひとときが必要なのである。

軍隊に「余白」を導入する

私たちが研修プログラムを策定する際にも、軍隊にはクリアすべき非公式な基準が一つあった。俗に「ニューヨーク・タイムズ・テスト」と呼ばれるものである。要するに、もしも研修プログラムの情報が外部に漏れ、ニューヨーク・タイムズ紙の一面を飾るような事態になっても、けっして恥ずかしくないような計画を立案せよ、というのである。

そんなわけで、研修の候補地を探していたときも、リストのトップに躍り出たのはジョージア州オーガスタだった。「ニューヨーク・タイムズ・テスト」にみごと合格したから、というのがおもな理由である。オーガスタは、ゴルフのマスターズ・トーナメントが開催される四月を除けば、多くの人びとが訪れる風光明媚《めいび》な観光地といった印象はない。同地での研修なら公費の無駄づかいと難癖をつけられる心配はないだろう。じつに無難な選択である。

スティーブ・ロトコフは、参加者が宿泊して研修もできそうなホテルをいくつかリストアップし、実地調査のためにオーガスタを訪れていた。適切な施設を選ぶには何カ所か見てまわる必要がある。

ホテルに求めるさまざまな条件を列挙したチェック・リストも、ロトコフは持参していた。立地、部屋の快適さ、ジムの設備などなど。軍の士官にとって、なにがどれほど重要かも配慮した。ジムはすこぶる重要だが、部屋の快適さはそれほどでもない……。

私がオーガスタの空港に到着すると、出迎えに来ていたロトコフが笑顔を輝かせて言った。「理想的なホテルが見つかった！　当方の求める条件にぴったりの施設だ。立地もいいし、清潔で、ジムがすばらしい」

「それはよかった！」。こちらも笑顔で答えた。私にも人生の楽しみはいくつかあるが、研修のためのホテル探しはあいにく趣味ではない。ホテルがさっさと決まれば、余った時間で市内も探索できる。

翌朝、私たちは有名チェーンの傘下にあるそのホテルへと出向き、広々としたロビーに足を踏み入れた。目に映るすべてが清潔で新しい。客室はいずれも広く、スタッフはみな親切で感じがいい。ジムも本格的な設備が勢ぞろいしている。研修に使う部屋は、一流ホテルらしいゆとりのある会議室だ。大手企業の幹部たちが集いそうな空間である。

「次は――」。ホテルの玄関を出ながら、ロトコフが言った。「参考までに、パートリッジ・インも見てみよう。担当の女性が全館を案内すると言っている。誘いを断るのも失礼だろう」。ロトコフによれば、パートリッジ・インは中心街から遠く、周囲の環境もいま一つで、ジムに数台あるトレーニング・マシンはどれもニクソン時代の骨董《こっとう》品だという。

インへと向かう車の窓から見える風景は、先ほどまでの美しくモダンな町並みから、どこかさびれた街路や商店へとたちまち変わっていった。かつてはオーガスタの呼び物だったはずのホテルも、いまやその面影はない。カーペットはすり切れ、階段はきしみ、天井はところどころ沈下している。部屋を見てまわったときも、迷路のような廊下で迷子になりそうだった。とはいえ、パートリッジ・インには不思議な魅力があった。そこは迷路の中で道を見失うだけでなく、安心して日常の自分をも見失うことのできる空間だったのである。

インのレストランで昼食をとりながら、私はロトコフ大佐に目を向け、おっかなびっくり切り出した。「嫌われることを覚悟で言うのだが――」

「なんだね？」

「私の考えでは、パートリッジ・インのほうが……われわれの目的にかなっているように思う」

「本気で言っているのか？」。ロトコフは、驚いてそう訊き返した。からかっているのか、とでも言いたげな面持ちである。

「そんな感じがするんだ」。適切な言葉が思い浮かばないまま、私はそう答えた。

「意味がよくわからない」。そう言うとロトコフは、例のチェック・リストを引っぱり出した。すべての点で、最初のホテルのほうが有利なのは明らかである。

「パートリッジ・インの部屋は、こぢんまりとして落ち着くし、悪くはないはずだ」。私は説得するような口調で言った。士官たちは屋外のプール（ペンキははげているにせよ）の周囲でもくつろげるし、広いバルコニーからは町を一望できることも力説した。

議論は、ロトコフのチェック・リストと私の主張する「感じ」との間で、何度も行ったり来たりをくり返した。もちろん、軍隊は合理的な決断を旨とする組織である。行動に出る際には論理的な裏づけが不可欠であり、たんなる個人の「フィーリング」が優先されることはない。しかし、当方の口うるさい説得が功を奏したのか、はたまたパートリッジ・

インでの研修が失敗に終わったら私が全責任をかぶるという誓約が効いたのか、ロトコフはついに折れた。

二カ月後、ロトコフと私は、研修の初日に向けて準備を進めていた。参加者は一二名。各地の陸軍基地から集う士官たちである。私の胸中には小さな不安もあった。集まったメンバーたちが、風変わりな研修の場をぐるりと見まわし、頭を左右に振りながらこんな問いを発するのである。「で、これが本当に、戦争に勝つために役立つの?」

研修室のセッティングは、あれこれ試した結果、メンバーがたがいの顔をよく見られるよう、長いテーブルをコの字型に並べることにした。その上には飲料水の入ったピッチャーをいくつか配置し、参加者がゆったりとノートや書類を広げられるスペースも確保した。すべての準備がやっと終わると、私はベッドに入った。翌朝は早めに起き、少しが・た・のきたランニング・マシンでトレーニングに励む予定である。

軍隊の美点の一つは、ミーティングに遅れる者がけっしていないことである。予定の一〇分前には、全員が席に着き、ペンを握り、開始を待ちかまえていた。

冒頭の短い説明が終わると、いよいよ研修のスタートである。

「私は、グループの鼻つまみ者にはなりたくないのだが——」。デーブ・ホーランが、挨拶がわりにそう口火を切った。デンプシー大将がオブザーバーとして送りこんだ人物だ。テーブルの上で両手を組み、噛みタバコをもぐもぐするその姿は、とても幸せそうには見えない。「この研修の目的は、ふだんとは一味違うことをするのだと理解している。だが、いつもとまったく同じように、全員がいまテーブルを前にちんまりと座っている。さんざん聞かされた〝輪〟はどこへ行った、オリ？」

研修にはあまり常識はずれな要素をもちこむまいと気づかうあまり、プログラムの目的が組織に「カオス」を導入することだったのをしばし忘れていた。

「たしかに、そのとおり！」。私は即答した。「みんな、テーブルを部屋のうしろへ片づけてほしい。そして〝輪〟になって座ろう」。軍隊のもう一つの美点は、全員が命じられたことを忠実に遂行することである。

急な変更を前にしても、ロトコフは不思議なくらい心地よさそうにしていた。新たなアイディアにたいして、いつでも柔軟でオープンな姿勢を保つ彼に、何度となく感謝した中での最初の出来事だった。規律と形式を重んじる組織に、三〇年以上も属していた事実を思えばなおさらである。

つづく数日間、グループの様子が少しずつ変わりはじめる。仲間となにげない会話を交わしたり、インの中を歩きまわったり、プール・サイドで静かに座ったりするうちに、参加者の一人ひとりがいろいろな意味で思慮深くなってきたのだ。

カリフォルニア大学バークリー校から、コート・ワージントンが到着すると、参加者たちは緊張とともに温かく迎え入れた。彼はさっそく楽しい即興エクササイズを導入した。すべてに意味を求めようとする姿勢の代わりに、秩序をしばし忘れることが目的である。一時間にわたってそんな課題をつづけたあと、私たちは参加者に二〇分ほどの時間をあたえ、二つの問いについて考えるよう求めた。「グループでどんな活動をしたいか?」、そして「ここでどんな問題を扱いたいか?」である。

この二つの問いが参加者に大きなインパクトをあたえることは、私たちも期待していなかった。ところが、魔法が働きはじめる。あるメンバーは、全員を前に、十代のころに執拗ないじめにあっていた体験を吐露しはじめた。別の参加者は、眼前で爆弾が破裂したアフガニスタンでの出来事を語った。さらに別の者は、長い隊列を組んでトラックを運転していたときに受けた襲撃について述べた。

語られた話は、悲惨なものもあれば希望に満ちたものもある。しかしどの一つも、情感にあふれ、鮮烈で、正直だった。ある日、いつもは寡黙な一人が口を開いた。

「昨日の夜、興味深い出来事があった。この四年間ではじめて、朝までぐっすりと眠った。それまでは、夜ごと悪夢にうなされ、どうにも眠れなかったのだ……」

この士官は、三度目のイラク派遣のときの出来事について語りはじめた。その日、小さな部隊はある建物から敵を一掃するよう命じられていた。自分の前に立っていた無二の親友が、扉を開けたその瞬間、銃弾に撃たれ、命を落とした。

「私は、そのときの記憶をどうしても頭からふりはらえなかった。自分の目の前で倒れている友の姿を、けっして忘れることができない。私はこのグループのなにかが……なにかが、きっと立ちなおるための手助けをしてくれると思う」

部屋は静まりかえった。数分が黙々と過ぎていった。デーブ・ホーランがやがて口を開いた。「われわれは軍人だ。絶え間ない戦争のおかげで、いつでも駆けずりまわっている。誤解しないでほしいが、私は任務に命をかけている。ここにいる全員がそうだろう。しかし、われわれには、じっくりと考える時間が欠けていた」

軍隊は、効率を重視するあまり、士官たちの暮らしから「余白」を排除してしまった観がある。暴力や死といった過酷な体験を、みずからの内できちんと消化する機会を得ることなく、いつまでも心に背負いつづける苦悶の大きさは想像にかたくない。だが、たとえ短時間であれ、束縛のない自由な「カオス」を享受したオーガスタでは、新奇なアイディアが生まれ、胸の奥底に封じこめられていた感情の発露も見られた。

研修の参加者は、折々に「アハー体験」を味わっていたようだ。感嘆《アハー》とともに突然のひらめきや気づきを得る体験である。たとえば、軍隊における自殺の問題を話しあっていたときもそうだ。軍が失う兵士の数は、なんと三年連続で、戦闘よりも自殺のほうが多かったのである。任務を終えて祖国にもどった帰還兵を、大きな講堂に集め、一通りの講義を聞かせ、自殺はするなと諭しても効果はなかった。「ここでの研修のように、少人数のサポート・グループを設けたらどうだろうか？」

そんな新たな意見も、小さな「カオス」から生み出されたのである。また、兵士たちに支給されるマニュアルについても、斬新なアイディアが提示された。軍のマニュアルには、戦場で直面する多様な事態への対処法がこと細かに記されている。しかし、残念ながらきわめてわかりにくい。川を渡ることになった？　ならばマニュアルの○○ページを参照せよ。はじめての町へ足を踏み入れる？　大丈夫、△△ページを読めばいい。トラックのタイヤを交換したい？　待ってました、××ページをご覧あれ。そこで、参加者の一人が言った。軍もマニュアルの代わりに、ユーチューブのような独自のサイトを設け、現場の兵士たちが実演する映像で教えたらどうか、と。トラックのタイヤの交換法を何ページも読むのではなく、一分間の映像で学習するわけだ。ふつうの一八歳の兵士にとっては、そちらのほうがはるかに理解しやすいだろう。

こうした意見は、いずれも日常の規律とは無縁の「余白」から生み出された。士官たちはたしかに、さまざまな訓練と実戦を何年にもわたって積み重ねてきた。しかし、そうした多くの経験と知識が完全に消化・吸収され、そこから創造的なアイディアが生み出されるためには、パートリッジ・インで手にしたような「余白」が不可欠だったのである。

結論は？　人間の脳は驚くべき問題解決能力を備えている、ということだ。ただし、それを存分に発揮させるには、論理的思考への没頭をいったん中断し、「デフォルト・モード・ネットワーク」を大いに働かせる必要がある。ペンを置き、脳を縛る手綱を放したとき、驚くべき発見の瞬間《ユーレカ・モーメント》が私たちに訪れるのである。

第5章

裸でサーフィン

SURFING
NAKED

LSDからPCRまで

ジョー・ニーランズは、カリフォルニア大学バークリー校の誇る著名な生化学教授だった。その彼が私の目を見すえてこう言った。「問題が一つある」

私は、椅子の上で身をこわばらせた。生化学界の大御所を、当方の勝手な願いごとで怒らせてしまったのではないか……。ニーランズ教授は、一九五一年にカリフォルニア大学にはじめて赴任してきた。その後は、ベトナム戦争中に北ベトナムを訪ねて人権侵害の実態を調査するなど、社会正義の擁護者としても知られるようになる。私は最初に彼と握手をしたとき、指が一本ないことにも気づいた。みずからの手で自宅を建てていた際に、思わぬ事故で失ったのだという。

ニーランズの研究室を訪ねたのは、私がまだ学部生のときだった。大胆にも指導教官になってほしいと願い出たのである。がちがちに緊張していた、などという表現はあまりにも控えめすぎる。教授の研究室では、大学院生が何列にも並び、背中を丸めて顕微鏡をのぞいたり、試験管を真剣に見つめたりしている。そんな威圧感の漂う雰囲気の中で、私はすっかりおじけづいてしまった。ことによると彼らの研究から、革新的な大発見が生まれるかもしれない。背中がじんわりと汗ばむのがわかった。当方の願いなど、おそらく一蹴されるに違いない……。

「私としては――」。教授は言葉をつづけた。「大学の官僚主義などクソ食らえだ。好きな授業を聴講してもらって大いに結構。ただ問題は、個人的にどの程度の学問的指導を君に提供できるかは保証の限りではない、ということだ」

教授は怒ってもいないし、当方の願いを一蹴するつもりもないと知り、私は大いに安堵した。そして、笑顔で答えた。「はい、それでまったく問題ありません！」

その後の数年間、教授は私の良き師であり、畏敬する友となった。研究室を訪ねるたびに、生化学界の最新の発見や、さまざまな社会問題について語ってくれた。そして、私の頭から長く消えない彼の一言がある。

研究室に通いはじめた当初、校内のスプラウル・プラザでくり広げられる抗議デモを前に、私はなにげない言葉を口にした。「あんなにムキになって抗議する必要はないですよ。バークリーには反体制文化《カウンターカルチャー》がはびこりすぎています」

それを聞いた教授は、少しとまどったような顔をしてこう言ったのである。

「私の目には、抗議活動はどれも千本の花が揺れる美しい原野と映る。願わくは、どの一本も大輪の花を咲かせんことを……」。ニーランズは立ち上がると、コートと帽子を手にとって言葉をつづけた。「君に見せたいものがある」

私は教授のあとにつづいて廊下を歩いた。行き着いた先は別の研究室だった。ドアを開けると、そこにはビーカーや試験管が、ところせましと並んでいる。「この研究室から巣立った多くの大学院生の中でノーベル賞を受賞した者はただ一人。そう、キャリー・マリスだ」

教授の話によれば、キャリー・マリスはノースカロライナ州レノア出身。ジョージア工科大学で化学を専攻したのち、一九六六年にカリフォルニア大学バークリー校の生化学科の博士課程へと進んだ。

「当時、キャリーは研究室のその隅によく座っていた。そして、化学薬品をあれこれ調合しては、ありとあらゆる問題を巻き起こしてくれたものだ。ＬＳＤの合成に挑んだときなど、この建物全体が吹き飛ぶかと思った。もちろん教授陣はすさまじい剣幕だった。彼の尻ぬぐいのために、私も山ほどのおしかりを頂戴した。でも、連中にはこう言い返してやったのだ。余計な口出しはご免こうむる！」

マリスは、宇宙のかなたから未知なる生命体の来訪を受けた、と公言してはばからない。エイズの原因はＨＩＶではないと主張する数少ない科学者の一人でもある。そしてなによりも、サーフィンを楽しむことが大好きだった――とりわけ全裸で！

カリフォルニア大学バークリー校は、いうまでもなく世界有数の研究機関である。そんな相手を向こうにまわし、マリスは大胆にもあかんべをしてみせたようなものだ。本来ならば締め出しを食らっても文句は言えなかっただろう。しかしジョー・ニーランズは、若者をみずからの庇護のもとに置き、独自の研究を進めるための「余白」を提供したのである。

マリスが卒業するころには、ＤＮＡの研究は長足の進歩を遂げていた。しかし研究者が直面していた問題がある。犯罪現場に残された血痕のような、ごく少量のサンプルからは、ＤＮＡの分析が至難だったのである。

そんなある日、マリスは自動車にガールフレンドを乗せ、いい気分で夜のドライブを楽しんでいた。そのときである。彼の脳に生じた「余白」から、突如、革新的なアイディアがひらめいた。ノーベル化学賞をもたらす斬新な着想――「複製連鎖反応《ポリメラーゼ・チェーン・リアクション》（ＰＣＲ）」と呼ばれる画期的なＤＮＡの増幅法を発見したのである。

ワープロソフトを使えば、ある特定の文字列を簡単にコピーできる。ＰＣＲはそれをＤＮＡにたいしておこなっていると考えればわかりやすい[1]。まず、沸点近くまでＤＮＡを加熱する。そうするとＤＮＡの二重らせんがほぐれ、二本のひもに分かれる。

次に、ＤＮＡのコピーしたい部分を選び、そこに印をつける。ワープロソフトの場合はマウスを使い、特定の文字列の上でクリックやドラッグをおこなうが、ＤＮＡのコピーではオリゴヌクレオチドを使う。オリゴヌクレオチドとは研究室で合成できる長さの短いＤＮＡで、使用するのは、ＤＮＡのコピーしたい部分の開始点と終点に適合するオリゴヌクレオチドである。加熱されたＤＮＡを冷却すると、そこにオリゴヌクレオチドが結合される。その結果、あたかもコピー部分が指定されたかのような形になる。

その後ふたたび加熱すると、Ｔａｑポリメラーゼと呼ばれる酵素がオリゴヌクレオチドに結びつく。これはつまり、キーボードの「Ctrl＋C」を押して文字列をコピーする行為に等しい。するとＴａｑポリメラーゼはヌクレオチドを合成し、ＤＮＡのコピーをつくる。いわばコピーした文字列を「Ctrl＋V」で張りつけるようなものだ。これでＤＮＡの特定部分のコピーは完了である。このプロセスを三〇回もくり返せば、一〇億以上のコピーができあがる。

テレビ・ドラマの『CSI：科学捜査班』などを見れば、殺人犯の残したわずかな体毛から、捜査官が容疑者を特定するといった場面はおなじみだろう。マリスの発見の成果は、事件の現場でも大いに生かされているのである。

マリスは、バークリー校時代の思い出をこう語っている[2]。「当時は、社会も大学も大きく揺れ動いていた。そんな中で、ジョー・ニーランズは学生を擁護してくれる理想的な師だったといえる。私たちは午後四時になると、ジョーが自宅からもちこんで月に一度はオイルを塗っていたチーク材のテーブルを囲み、お茶を飲みながらよく笑いあったものだ」

キャンパス内のほかの研究室と比べたら、ずいぶんと異質な環境だったに違いない。ニーランズはマリスにたいして、のちに私自身も享受するような、大きな学問的自由を授けていたのである。

「論文を書いて学位をきちんと取得するかぎり、私がなにか別のことに関心を向けても、ジョーはなにも言わなかった。たとえ音楽の研究に夢中になっても、実害はなかろうと彼が判断すれば、私は好奇心のおもむくままに行動できた。ジョーの研究室では、つねに幸せな気分でいられたのだ」

ほかの教授たちの目には、さぞや珍妙な光景と映ったことだろう。風変わりな教授と学生が、生化学を究めるべき研究室で、お茶を飲みながら音楽や哲学をめぐる談義に花を咲かせる……。けれども、ニーランズとマリスのあり方を見ると、組織の中に「余白」を設けることの大切さが痛感される。とりわけ、本書で「異分子」と称するような人びとを相手にする場合はなおさらだ。彼らは、あまりにも異質なゆえに、そして本流からはずれた特異な見解を擁するがゆえに、組織からは排除されがちな存在である。

　中世のヨーロッパでは、ペストのもたらした社会の「余白」が、「異分子」である人文主義者を呼びこむ余地となった。当時の基準からすれば、彼らの唱えた思想はまさに神聖冒瀆《ぼうとく》と映ったことだろう。まともな教会の聖職者は、人文主義者との関与をいっさい断っていたわけだ。ちょうど、キャリー・マリスにたいするバークリー校の生化学教授たちや、アルベルト・アインシュタインにたいする物理学の研究者たちと同じように。だが、組織内にも小さな「余白」を設けることで、そうした人びとにもチャンスがあたえられる。彼らにとっては独自の発想を追求し、大輪の花を咲かせるための土壌ともなるのである。

　ここで重要なのは、たんなる「多様性」の問題ではない。組織にとって、思考の多様性はもちろん大切だろう。しかし、ここで真に目を向けるべきは、いわばもっと極端なケースだ。多くのふつうの人びとにとって、じっさいに不快感やいらだちを覚えさせる、そんな「異分子」という名の逸材を、社会や組織がいかに切り捨てることなく生かしきれるか、という問題である。

二〇〇八年、ジョー・ニーランズは八七歳でこの世を去った。亡くなる前、ジョーと私は、かつてスプラウル・プラザの抗議デモについて語りあった日のことを思い出していた。「生涯を通じて――」と、ジョーは言った。「私は、いつでも社会に波風を立てる抗議発言をし、頭のいかれた院生たちに研究室を避難所として提供する、奇怪なる輩《やから》と仲間からは見なされてきた。しかし、連中もいまではマリスを誇りに感じている。だが当時は、だれもが私とかかわることを避けていた」

キャリー・マリスのような「異分子」は、必ずしも扱いやすい人間とはいえない。輪の中には収まらないアウトサイダーであり、聖像破壊者であり、ときには紛れもない奇人でもあるだろう。しかし、組織にとって無縁・無用と思われる人間を、輪の中に積極的に迎え入れることは、大きな利益を生み出す契機ともなるのである。

テレビゲームとゴリラ

キャリー・マリスの話を聞きながら、母はイスラエルなまりの英語でこんな疑問をさしはさんだ。「それじゃあ、会社はちょっと頭のおかしい人を雇うべきだと言うの？　その人がとんでもないヘマをしたら、あなたも責められるのよ」

気がつくと、私は思わずマリスの弁護側にまわっていた。「いや、彼は頭がおかしいのではなく、少し変わっていただけなんだ」

「でも、大学の研究室でドラッグをつくるなんて、とても正常とは思えないわ」

ごもっともだ。

しかし、そんな母も宮本茂という人物に出会ったならば、私の主張にもう少し賛同してくれるだろう[3]。宮本は日本の京都で生まれ育ち、幼いころから漫画家や操り人形師にあこがれていた夢想家であり芸術家でもある。

金沢美術工芸大学に進学するものの、学業のできはアインシュタインと大差なかった――「並」である。授業には半分しか出席せず、フォークソングに熱を上げ、みずからのギターに合わせるバンジョー奏者を必死に探しまわっていた。おかげで卒業までに五年を要した。

アインシュタインと同じく、就職については父親が援助の手をさしのべてくれた。友人であり、当時の任天堂の社長だった山内溥《ひろし》への口利きのおかげで、宮本は面接の機会を得たのである。

一九七〇年代の当時、アーケード・ゲーム（業務用ゲーム機）は、きわめて単純な仕組みだった。ちょうどピンポンを再現するように、二人のプレーヤーが画面上でラケット（縦線）を上下に移動させ、相手のボール（点）を跳ねかえすといった内容である。やがて八〇年代に入ると、簡素な画像のキャラクターが導入される。

そんなアーケード・ゲームは、じきに世界中で大ヒットする。子供たちは小銭を握りしめ、長い行列をつくり、『スペースインベーダー』や『パックマン』に夢中になった。積もり積もった小銭は莫大な収益となり、メーカー各社は次なるドル箱を求めてしのぎを削った。

任天堂は、アーケード・ゲーム市場にはまだ参入していなかった。しかし、「カラーテレビゲーム」という家庭向けテレビゲームで、すでに大きな成功を収めていた。その技術をアーケード・ゲームにも応用できないものか、と同社は考えたのである。

ゲーム業界では、任天堂は技術力にすぐれた本格派と見なされていた。結局のところ、テレビゲームの成否は、ハードウェア（ゲーム機本体）とソフトウェア（ゲーム自体）を統合する、絶妙な技にかかっているといえるだろう。

山内社長は当時、宮本のように大学で工業デザインを専攻した人間を採用することには消極的だった。本人の言葉を借りるなら、「必要なのは腕のいい技術者で、絵描きではない」ということになる。しかし、旧友のたっての願いでもあり、面談ののちに社内の専属デザイナーとして雇うことに決めた。任天堂はその種の人材を過去に採用したことがなく、画面上で線と点を動かすだけのデジタルな世界では、腕が生かされそうにもなかったのだが……。

ここで、山内社長の立場になって考えてみてほしい。アーケード・ゲーム市場で勝利を収めるには、いったいなにをすべきか？　そう、当然ながら、よりよいゲーム機本体を製造するため、技術力を最大限に発揮することである。

じっさい、任天堂はそれを実行した。山内は三つのグループを結成し、すぐれたゲーム機本体の開発を競わせたのである。彼らは画面の解像度アップなど、もっぱら技術面の改革に取り組んだ。一方、宮本は本体の側面を飾るイラストを描いた。そして、ゲームのキャラクターのデザインも、はじめて手がけることになる。生み出されたアーケード・ゲームは、『レーダースコープ』と名づけられた。

じっさいに実物を見たことがなくても心配ご無用。そのころ流行していた、UFOやエイリアンを撃退するシューティング・ゲームの一種にすぎない。他社製品との大きな差別化もなく、結局、自信作は大失敗に終わってしまう。

とはいえ、一九六〇年代のバークリー校の動乱期が、キャリー・マリスにニーランズ教授の研究室で学ぶ機会をあたえたように、『レーダースコープ』の失敗もまた、宮本茂に一つの扉を開くことになる。

任天堂は、売れ残った『レーダースコープ』の在庫を大量に抱えていた。そこで、山内はデザイナーの宮本を社長室に呼び、子供が遊びたくなるような新たなゲームの開発を命じた。結局、本体はそのまま利用し、基盤のみを交換して別種のゲーム機に仕立てることに決まったのである。

宮本は、社内の熾烈な技術開発競争からも解放され、新たに得た自由な雰囲気の中で、独自のアイディアを花開かせていく。テレビゲームは一つの「物語」であるべきだ、というのが彼の信条だった。そして、プレーヤーがさまざまな「感情」を体験するような、それまでだれも考えたことのないゲームを頭に思い描きはじめていた。

宮本は、テレビゲームの世界に、コミックに登場するような「キャラクター」をもちこみ、命を吹きこもうと考えた。

斬新なアイディアではあったが、前例のない挑戦である。

最初に宮本がしたのは、開発第一部長の横井軍平をはじめとする社内のエンジニアたちから、当時のテレビゲームが抱えていた技術的制約について学ぶことだった。

そして、苦心のすえ、宮本はついに新たなキャラクターを生み出す。青いシャツに赤いオーバーオールを身にまとい、真っ赤な帽子をかぶり、白い軍手をはめ、団子鼻の下に立派なヒゲを蓄えた、ずんぐりむっくりの大工。そう、おなじみの「マリオ」である。マリオに帽子をかぶせ、もじゃもじゃのヒゲを生やしたのは、画面上で髪や口に動きをあたえるのが困難だったからだ。当時の技術的な制約の中で、大いに個性的なキャラクターを創造したといえるだろう。

さらに、宮本はゲームのストーリーもみずから考案した。ペットのゴリラに誘拐された恋人を救出するため、主人公はゴリラの投げかけるさまざまな妨害を乗り越えつつ、愛する美女のもとへと急ぐ……。じつは、これには先立つ裏話もある。ゴリラはもともとマリオのペットだったが、ご主人に恋人ができて以来、自分をちっとも相手にしてくれないので、腹いせに彼女を誘拐したのだという。

こうして完成したアーケード・ゲームは、『ドンキーコング』(まぬけなゴリラ)と名づけられた。

販売代理店各社は、新たなゲーム機をはじめて見たとき、すっかり意気消沈してしまった。シューティング・ゲームに染まりきっていた彼らは、『ドンキーコング』が売れるとは想像できなかったからだ。じっさい、一社などは別のビジネスへの鞍替《くら》えを考えたという。しかし、これが任天堂のアーケード・ゲームの最初の大ヒットとなるのである。

この成功につづき、宮本はみずからが率いるチームとともに、新たなテレビゲームを創造した。『ドンキーコング』の主人公マリオが、双子の弟ルイージとともに、さらわれたピーチ姫の救出に向かう『スーパーマリオブラザーズ』である。

この新たなファミコン用ゲームソフトには、二つの革新が導入されていた。

第一に、従来は固定された一つの背景画面の中だけで主人公が動いたが、画面を横にスクロールさせる機能をとり入れることで、空間に広がりをもたせた。また舞台設定も、『ドンキーコング』は工事現場だったが、新たなゲームではプレーヤーがキャラクターとともに、地上・空中・水中と多彩な世界を駆けめぐるのである。第二に、『ドンキーコング』にも増して、ストーリー性を重視した。

宮本は、創造にたいする姿勢をこう語っている。

もしも、町を歩いているときに目に入るものが、すべて見た目以上のなにかだとしたらどうだろう？　Tシャツにジーパン姿の若者がじつは戦士だったり、なにも見えない空間が驚くべき別世界への扉だったり……。人ごみの町中で空を見上げたとき、常識では存在しえないものがそこにあったらどうだろう？　あなたは、首を横に振って「ありえない！」と無視することもできる。けれども、この世には想像以上に知られざるものが存在するのだと、謙虚に受け入れることもできるだろう。ひょっとすると、あなたの眼前には本当に別世界への扉があるのかもしれない。中へ入ることを選んだなら、そこに思いもよらぬものを数多く発見するはずである[4]。

今日では当然だろうが、テレビゲームにストーリーを組み入れるという発想は、当時としては大いに革命的だったのである。『シムシティ』の制作者ウィル・ライトは、宮本をこう評している。「彼は、プレーヤーの視点でゲームをとらえている。魔法の源泉もそこにある」。エンジニアは、限られた技術の中でいかに製品を安価につくるかを考える。しかしテレビゲーム業界の「異分子」だった宮本は、プレーヤーが真に求めるものはなにかと思いをめぐらせた。

そして、ゲームにはキャラクターとプレーヤーとの「共感」が欠かせないと、だれよりも先に見てとった。『スーパーマリオブラザーズ』は、『ドンキーコング』をしのぐ大ヒットとなる。

これに引きつづき、宮本は『ゼルダの伝説』を生み出した。キャラクターの名前は、『偉大なるギャツビー』で知られるアメリカの小説家、F・スコット・フィッツジェラルドの妻のゼルダからとった。テレビゲーム業界のエンジニアやクリエーターの中で、文学から着想を得た者は少ない。『ゼルダの伝説』も、シリーズ化されて人気作となる。

まさに「異分子」の宮本が、テレビゲームの世界に革命を起こしたのである。今日の多くのヒット作にも、彼の影響は見てとれる。『コール　オブ　デューティ』『グランド・セフト・オート』『シムシティ』などもしかりだ。いずれもプレーヤーが冒険する世界と、共感を寄せるべきキャラクターと、ゲームの進行に合わせて展開するストーリーとを備えている。ゲームは洗練されたが、その根底にはいまなお宮本のひらめきが息づいている。

二つの世界を織りあわせる

宮本茂は、任天堂で二つの役割を果たしたといえるだろう。第一に、キャリー・マリスのように、既存の分野に革命的な新風を吹きこんだ。第二に、従来は別々に存在していた二つの異なる世界を織りあわせた。テレビゲームを支えていた技術的な世界と、彼が好きだった漫画やファンタジーの空想的な世界である。

同じようなパターンは、ほかのさまざまな分野でも見てとれる。いずれの場合も、既存の世界に「異分子」が斬新なアイディアを導入するのである。

スイング・ジャズの誕生も例外ではない[5]。フレッチャー・ヘンダーソンは、一八九七年にジョージア州で生まれた。一九二〇年にニューヨークへ移り、コロンビア大学で化学の修士号を取得。しかし当時は、黒人差別のために化学関連の職にはつけなかった。そこで、彼は大好きだった音楽の道へと進んだ。ピアニストとして活躍したのち、みずからの楽団を結成する。ルイ・アームストロングなどの有名プレーヤーも加わり、大いに人気を博した。

一九二〇年代を通じて、ヘンダーソンのバンドは、ニューヨークのローズランドやサボイといった有名ダンスホールで演奏し、地元では屈指のバンド・リーダーとなった。しかし一九二九年、ウォール街の株価が大暴落する。深刻な不況のもと、彼は最大の財産である楽曲の権利を売ろうかとまで考えた。

今日であれば、すぐれたミュージシャンが楽曲の権利を手放すとなれば、多くの音楽会社が買いとりに殺到するだろう。しかし当時、ヘンダーソンの音楽はニューヨークやシカゴなどの北部の都市以外では、あまり知られていなかった。その真価が評価されるのは、もう一人の音楽家の登場を待たなくてはならない。

ベニー・グッドマンは、一九〇九年にシカゴの貧しいロシア系ユダヤ移民の子として生まれた[6]。一〇歳のころから、近所のユダヤ教会《シナゴーグ》の音楽教室でクラリネットを学びはじめる。町は南部から北上する列車の終着点でもあり、アフリカ系アメリカ人のミュージシャンたちが、ジャズやブルースを携えてたくさんやって来た。

一九二〇年代に入ると、グッドマンは地元のバンドに参加し、ダンスホールやクラブで演奏するようになった。一九二六年、父親が亡くなった直後、活動の拠点をニューヨークへと移す。商才にも長けた彼は、一九二九年の恐慌もかなりうまく乗りきった。そして、ヘンダーソンの窮状を聞きおよぶと、音楽仲間を助けるためと有利な投資をするための好機と考えたのである。

つづく数年間、グッドマンはヘンダーソンの楽曲をバンドのレパートリーに加えて演奏した。一九三四年にはラジオ番組『レッツ・ダンス』の専属楽団となる。これを契機に、ヘンダーソンの音楽がやっと世間に出るチャンスが到来した。

けれども、番組は深夜の放送だったため、聴取者の数は期待するほど多くなかった。じっさい地方巡業に出るとそれを痛いほど思い知らされる。東海岸を町から町へと巡演したときも、お客がまばらなホールで演奏することは珍しくなかった。

しかし、八月の一夜ですべてが変わる。カリフォルニア州オークランドへ演奏旅行に出かけた際、マクファデン・ボールルームのステージに立ったときの出来事である。

グッドマンのバンドが、ヘンダーソンの曲を演奏しはじめるや、ホール中が沸きかえった。グッドマンにとって、そしてスイング・ジャズにとって、幸運にもそれは一夜かぎりの出来事ではなかった。二日後、ロサンゼルスの有名なダンスホール、パロマー・ボールルームでも、フロアー中の客が熱狂的に踊りはじめたのである。

なぜ、グッドマンの音楽はカリフォルニア州でそれほど大歓迎されたのか？　ラジオ番組の『レッツ・ダンス』は、東部時間の真夜中に全国放送されていた。東海岸では大半の人が眠りにつくころだ。しかし西海岸では、多くの人がラジオに聴き入っていた。午後九時だったからである！　スイング・ジャズは、大恐慌のあとに甘美な音楽を求める多くの人びとの心を完璧にとらえた。そしてベニー・グッドマンは「スイングの王様」と呼ばれるまでになる。

グッドマンは、みずからが才能に恵まれたミュージシャンだったのは間違いない。しかし彼が特異な存在であるのは、アメリカの大衆文化の中に、アフリカ系アメリカ人の音楽をとり入れる、すぐれた仲介者の役割を果たしたからである。

グッドマン自身、アメリカ文化の本流からはずれた移民社会の一員として育った。そのため、文化的な規範や形式へのこだわりが少なかったといえる。人種的な、そして音楽的な境界線を超え、彼は白人世界と黒人世界の橋渡しの役目を果たしたのである。グッドマンは、自身の生い立ちからして、アフリカ系アメリカ人の非主流文化にも、ほとんど抵抗感がなかった。そして同時に、みずからが白人であるという事実が、伝統的な白人音楽の世界への参入を容易にしたといえるだろう。ベニー・グッドマンは、二つの世界を一つに織りあわせたのである。

グッドマンやキャリー・マリスのような「異分子」は、まったく異質な——しかし貴重な——要素を、既存の文化や社会や組織に導入し、そして拡散させる。ちょうどルネッサンスの黎明期に、人文主義者たちがカトリック教会に新たな思想をもちこんだように。

たとえば、一五世紀に活躍したニコラウス・クサヌス枢機卿は科学者だった[7]。科学者の枢機卿など、一世紀前なら考えられなかったに違いない。クサヌスは近視だったため、書物が読めるようにと自分でレンズを研磨して眼鏡をつくった。地中海に旅行した際には、地球が宇宙の中心とは限らないのではないかと想像したという。その世界観は、のちにコペルニクスやケプラーに引きつがれた。また、ライプニッツが微積分法を発見したのも、クサヌスが著した数学書に刺激を受けたからにほかならない。

「異分子」を招き入れる

アメリカの大手IT企業シスコシステムズ社では、人事担当副社長のロン・リッチが、あまりにも実務的な同社に「異分子」を招き入れる計画を積極的に押し進めている[8]。リッチによれば、大半の企業では、従業員が上司との結びつきを深め、上司の尻馬に乗って昇進や出世を果たそうとしている。だが、こうした傾向には問題が二つある。第一に、縦割り型の忠誠心が生まれる。つまり、会社に対する忠誠心ではなく、上司にたいする忠誠心である。第二に、このような従業員は、自分の得意な仕事、自分の好きな仕事をしていない場合が多い。それでも出世街道からはずれないようにと、ほかの選択肢を採用しようとしない。

こうした問題に対処するため、リッチは社内での「横移動」を推奨した。じっさいシスコでは、従業員の異動を奨励し、さまざまな部署でまったく異なる仕事や職責をあたえている。こうした横移動で「異分子」を招き入れようというのだ。

社員はいままでとは異なる部署で、異なる仕事に挑戦するため、あちこち動きまわるわけだ。経理部の人間が販売部に移り、人事部の社員がカスタマーサービスへと動く……。そうした社員の「横移動」が、各部署に「異分子」を招き入れる契機となるのである。

たとえば、デーブ・ホランドは入社当初から不動産管理部門で働いていた。何万人もの従業員を抱えるシスコシステムズのような巨大企業は、多くの施設用地を必要としている。そこで、大リーグ球団のオークランド・アスレチックスが、所有地の一部を売却する際、同じカリフォルニア州に本社をもつシスコ社に購入を打診してきたときも、ホランドが窓口となった。

しかし、交渉を進める過程で、アスレチックスの球場にもシスコの提供できるテクノロジーがあることに、ホランドはふと気づいた。彼の所属する不動産部門は、技術部門とはまったく分野を異にするが、シスコでは他部門からの提言も大いに歓迎される。

ホランドのアイディアは、球場のスコアボードの上の大きなスクリーンから、ホットドッグ・スタンドの小さなスクリーンまで、場内の画面に表示するコンテンツを総合的に管理する技術を提供するというものだった。

本来であれば、そうしたプロジェクトは営業・技術部門の担当者に引きつがれるところだろう。しかし、シスコは新たな事業の責任者として、不動産管理部門のホランドを任命した。

シスコシステムズは、社員が部門間を自由に移動できる体制をつくることで、「異分子」が斬新なアイディアをもたらすチャンスを創造しているのである。ただし、既存の部門が異質な意見にきちんと耳を傾けるかどうかは、また別の問題といえる。

軍隊は、そんな現実を苦い経験とともに知ることになる。

二〇〇三年、アメリカ人のだれもがアフガニスタンやイラクのニュースを見ながら、なぜものごとがこうもうまく運ばないのかと考えていた。新たに陸軍参謀総長に就任したピーター・スクーメーカー大将も、そんな一人である[9]。そこで彼は、現状を分析した報告書を作成させた。その結果、反省を要する興味深い問題点がいくつかあぶり出された。

陸軍は、いわゆる「集団的浅慮《グループシンク》」（集団の支配的な意見への安易な同調）に陥り、アメリカ中心主義的な視点を固持し、異なる意見に真剣に耳を傾けようとはしていなかった。軍と国防総省の上層部は、古いハリウッド映画の西部劇よろしく、窮地を救わんと進軍ラッパを鳴らして登場する騎兵隊を気どっていたのである。イラクの人びとは、アメリカ軍の到来を両手を広げて待ちかまえているはずだ、と。悲劇は、異議を唱える声がいくつも上がっていたのに、軍が聞く耳をもたなかったことである。

「昨今の戦争の問題点はこうだ」。デンプシー大将は、私に説明してくれた。「戦場には、二等兵がいる。彼らは、自分たちの戦争がかつての戦争とは違うことを日々の経験から理解し、適応に努めている。そして上層には将官たちがいる。私たちの多くは、二〇年後の軍隊はいまとは様相ががらりと変わっていることを、すでに悟りつつある。

しかし中間層には少佐や中佐がいる。彼らは一〇年、一五年、二〇年と組織の中で過ごしてきた。だから、変わることを望まない。いつまでも同じことをくり返していたい。私が変革を求めれば、彼らは『イエス、サー！』と答えるだろう。しかし、じつは聞く耳をもたないのだ」

そんな話の最中に、スティーブ・ロトコフが姿を現した。彼は海外軍事文化研究大学の創設メンバーの一人である。集団の中にあっても批判的精神を忘れず、生産的な異議を唱えられる士官の養成を目指す機関だ。

この大学の学生は、従来の考え方を改め、多様な視点から問題を眺められる目を養うよう要求される。これは、軍人にとってはかなりの苦行である。軍隊という組織は、多様な視点などよりも、揺るぎない忠誠心や体力にこそ誇りを感じるものだからだ。

スティーブは、かつて私にこう語ったことがある。「軍隊で働くとき、折々に感じる不満の一つは、知性の行使をどこかで軽んじる傾向があることだ。〝問題を解決するためになにかをする〟という姿勢を重んじるあまり、問題そのものを深く考えるという姿勢が過小に評価されやすい。われわれの大学は、その両方を実践することを目指している」

耳を傾けよ！

「いいかい、君もわかっているだろうが――」。スティーブ・ロトコフは、その日、四度目の確認をした。「私は、政府の資金の用途については大きな責任を負っている」。もちろん百も承知だ、というように私は深くうなずいた。国家の大切な資金を無駄づかいする気はいっさいない。私は、士官たちがアルバート・アインシュタイン・メディカル・センターを訪ねれば、きっと学ぶところが多いはずだと力説していた。第2章でも紹介したリーサ・キンブルが、MRSA感染予防のために協力している病院の一つだ。組織の垣根をとりはらうことで、大きな成果を生み出している現場である。医療とは無縁の一人の用務員――「異分子」――が、人びとの命を救うために大活躍した話を思い出してほしい。

「たしかに、君はいま深くうなずいてくれた」。二人で目的地へと向かうタクシーの中で、スティーブがいらだちの言葉をつづけた。「しかし、これから訪ねる先は、よりにもよって病院だ。なぜ、陸軍士官の一群が病院で研修をする必要があるのか？　しかもなぜ、看護師たちの手洗いを見ならうために政府の大切な資金を使わなくてはならないのか？」

病院は軍隊とよく似ていることを、私はスティーブに指摘した。そこは医師を頂点とする階層組織であり、だれもが制服をまとっている。そこは縦割り構造であり、横の連携を欠く場面が少なくない……。

興味深いのは、病院がＭＲＳＡ感染予防のための話しあいの場に、さまざまな声を招き入れ、真剣に耳を傾けている現実である。その結果は驚きに値する。感染率がなんと半減したのである。たんなる偶然ではけっしてありえない。私がスティーブを招いたのもそのためだった。

私たちを乗せたタクシーは、フィラデルフィアの市街を走り、ペンシルベニア大学の前を横切り、やがて病院へと到着した。待ちかまえていたスタッフたちが温かく迎え入れてくれた。

「陸軍の訪問を受けるなんて光栄です」。一人の看護師が笑顔で言った。

リーサ・キンブルとともに、私たちの応対をしてくれたのは、病院の管理責任者ジェフ・コーン医師である。白髪をなでながら、彼はこれまでの取り組みについて話しはじめた。MRSAによる院内感染が、死者を出すほどの大問題に発展したため、なにか画期的な予防策を講じる必要があったのだという。

院内を案内してもらったあと（ドアごとに設置された消毒薬で手を殺菌する必要があった）、私たちはあるグループ・ミーティングの席に招かれた。

「またミーティングか?」。スティーブが、私に小声でささやいた。「毎日、いくつのミーティングに出ていると思う? 病院に来てまでとは知らなかった!」。彼の耳からは湯気が出そうだった。

その席には、いろいろな部署のスタッフが集まり、なにがいま起きていて、それをどう感じているかを語りあった。私はチームのもつ力にあらためて思いをめぐらせていた。

話しあいが終わると、看護師の一人がこんどは分科会のミーティングに招いてくれた。

「看護技術者たちの集まりなんです」と、にこやかに説明する。退散する潮時かと考えていたスティーブも、笑顔で招きに応じることになった。そして、すべてが変わる。

集まった五人の女性は、病院の階層構造のいちばん下で働く人びとだ。正式な教育は受けていないが、日々、黙々と重労働をこなしている。患者の体を洗い、汚れたシーツを変えるのが役目である。

一人の女性が、まず口火を切った。「ちょっと言いたいことがあるんですが、いいですか？」

「もちろん！」。進行役の看護師が、発言を歓迎する。

「あのう、どうしても気になることがあるんです。放っておいてもいいし、口のチャックは閉めておこうかとも思ったんですけど――」。もう一人の女性が、クスッと笑った。

「やっぱり我慢できないので言います。ＭＲＳＡの隔離病棟で、いま二人部屋のお世話をしています。一人の患者さんは重症の感染症なんですが、もう一人の方はすごく元気そうに見えます。検査結果は陽性だったそうですが、皮膚には腫れものもありません。で、心配なんです。その人が、本当に感染したらどうしようって」。残りの四人も、いっせいにうなずく。

「そんなことになったら、大変よ！」。別の女性が、すかさず合いの手を入れた。

私は、進行役の看護師が騒ぎを鎮めるか、次の医療ミーティングでとりあげる旨を伝えて、その場をひとまず収めるものかと思っていた。しかし、彼女はすぐにも受話器を手にすると、コーン医師に連絡を入れた。

五分後、コーン医師はミーティングの輪に加わり、現場の懸念に真剣に耳を傾けている。そして最後にこう言った。「そんなことが起きているとは少しも気づかなかった。たぶん検査の結果だけを見て、隔離病棟に入れられたのだろう。あなたの心配はもっともだ。この件はすぐに対処する」。問題はこうして一件落着した。

「信じられない！」。ずっと黙っていたスティーブが、いきなり声を上げた。「これは、すごいことだ！　みなさんは重大な問題をあっという間に解決してしまった」。そして、思わず笑いだした。「ふさわしい人びとを一つの部屋に集めるだけで、ふさわしい答えは出るというわけだ」

コーン医師はスティーブにこう語った。「同じような現象が、ここでは毎日起きているのです。病院には、発言の機会をもたない多くの人がいます。われわれに必要なのは……」。彼は少し間を置き、決意を告げるように言った。「耳を傾けることです。答えは、そこにあるのですから」

スティーブと私はこのとき、はたと気づいた。軍隊も、たんに生産的な異議を唱えられる人材を養成するだけでなく、異なる世界を巧みに結びつけられる人間を育てることが必要なのだ。たとえ軍隊のような規律と秩序が重視される組織であったとしても。

海外軍事文化研究大学の大切な使命の一つもそこにある。リーサのように、異なる世界をなんらかの形で仲介する兵士や士官を育てることだ。一人の士官が語ったこんな言葉に、すべてがこめられていると思う。「以前は、リーダーとしての自分の職務は、配下の人間になにをすべきかを明確に伝えることだと信じていた。全員を率いる強い指導者を目指していた。しかし、私はやっと悟った。自分の真の職務は、人びとから考えや思いを引き出し、真剣に耳を傾け、よき仲介者となることなのだ」

第6章

セレンディピティを促進する

ACCELERATING
SERENDIPITY

〃セレンディピティ〃の魅力

私たちがはじめて出会ってから二年後、デンプシー大将は喉頭ガンと診断された。けれども、つらい治療を乗り越え、体は着実に快方へと向かっていた。

私は、一つの話題から次の話題へと急ピッチで展開する、デンプシーとのミーティングに慣れていた。しかし、病床からオフィスに復帰して間もないその日、二人の会話にはしばしば沈黙と静寂が訪れた。「とてもお元気そうに見えます」。私は、正直な印象を伝えた。

「いろいろなことがあったと想像しますが、ガンとの闘いを経験して、ご自身のなにかが変わったと思いますか?」

「まあ、当然ながら、人生についてあれこれ考えさせられた。自分も不死身ではないのだと、あらためて思い知らされたよ。でも、いちばん教えられたのは、人の話を〃聞く〃ということだ。ガンになる前は、いまほど相手の言葉にじっくり耳を傾けていたとは思えない。皮肉なことに、治療で聴力が少し落ちたので、なおさら聞くことに気持ちを集中する必要があるんだ」

ちょうどそのとき、補佐官が昼食のクラム・チャウダーをもって部屋に入ってきた。大将は私の顔を見ながらこう言った。「君のような、そのう、絶対菜食主義者《ビーガン》の口に合うものはあいにくないが、サラダはつくらせておいた」

「ありがとうございます。それにしても、共通点の少ない私たち二人が、こうして向きあって食事をするなんて、なんだか不思議でなりません」

「それが、〝セレンディピティ〟の魅力というものだ」。じっさい、二人が出会ったのは、まさにセレンディピティのなせる業だった。多くの人の手をめぐりめぐって、私の著作がデンプシー大将にたどり着いたのである。一人の士官が私の本をまず読み、それがアフガニスタン駐留米軍の司令官スタンリー・マクリスタル大将にいつしか渡り、やがて本国にもどった本は国防総省でまわし読みされ、最後にやっとデンプシーの膝の上に落ち着いたという次第だ。そして、大将はその本を書いた人間に会いたいと思った。

サラダを食べながら、私は二人がいっしょに仕事をする光景など、けっして想像できなかったと痛感した。統合参謀本部議長に就任する人物を訪ね、神妙な顔つきで自己紹介をするために、前もって計画を練りあげたわけではない。しかし当時、陸軍はいろいろな問題を抱え、一種の「カオス」を呈していたといえる。そして、そこに生まれた「余白」に、軍とはまったく無縁の私という「異分子」が入りこんだのだろう。さまざまな出来事が生じるとき、そこには人間がじっくりと練りあげた「計画」と、人間がまったく制御できない「偶然」とが関与する。けれども両者の中間には、もう一つの大切な要素が存在する。それが、「計画された偶然《セレンディピティ》」である。セレンディピティを呼び起こすための〝条件〟を整えることは、人間の力でも大いに可能なのである。

スタンフォード大学のセレンディピティ

マリー・モオキニは、スタンフォード大学ビジネススクール（GSB）で、学生にもっとも敬愛された人物の一人だろう[1]。なぜならば、一〇年間にわたり同校の選抜事務局の長として、彼女こそが学生に〝入学許可〟をあたえる責任者だったからである。合格通知書には、それぞれの志願者がなぜ選ばれたのかという理由も、彼女のサインとともに手書きで記されていた。

「かつての選抜方針は――」と、マリーは語る。「いわば万能型の優等生を重視していました。数学もできるし、英語も得意だし、科学もお手のもの……。そんな学生です」。じっさい、すぐれた知性を備えた学生を採用することは、ビジネススクールにとっても重要だろう。

しかし、入学してくる学生があまりにも均質ではなにかに欠ける、とマリーは悟ったという。「過去二〇年間で、選抜方針にも変化が見られました。今日では学生たちの多様性を重んじています。どの学生も独自の特質をもち、独自の視点をもっています。彼らはたがいに影響しあい、たがいに高めあうような存在でなくてはなりません」

ある意味でマリーの仕事は簡単だ、と考える人もいるだろう。国内屈指のビジネススクールの志願者はみな優秀な成績で学部を卒業し、社会でも何年か活躍してきたエリートばかりだ。その中から選ぶのなら楽だろう、と。しかし、彼女には大きな責務がある。学生たちがたがいに影響しあい、たがいに高めあうためのチャンスをつくり出さなくてはならないのだ。結局、マリーに課せられた任務とは、学生たちの間に貴重な偶然の出会い――セレンディピティ――が起こるような環境を、積極的に創造することだといえるだろう。

アリソン・ラウズは、マリーの選抜事務局のスタッフの一人で、本書の共著者ジューダ・ポラックの親友でもある。そこで、学生たちの選抜方針について、彼に話を聞かせてもらうことにした。アリソンはサウスブロンクスの公営住宅で育った。ペンシルベニア大学を卒業したのち、同大学で学部生の入学にかかわる仕事についたが、やがてこのアメリカ有数のビジネススクールの選抜事務局に転職した。

アリソンはこう説明する。「クラスの五〇〜六〇パーセントは、勉強がよくできて人柄もいい、といったタイプの学生で構成される。いわば〝ロー・リスク集団〟だ。仲間ともうまくやれるし、成績もいい。大学卒業後に、ゴールドマン・サックスや投資銀行やコンサルタント会社などに入った学生たちだ」[2]

このグループは、社会で二〜四年の実務経験を経たのちに志願する者が多い。彼らに共通しているのは、数字に強いことだ。有能なビジネスマンとしての資質も十分に備えている。損得勘定に長け、データ分析も鋭く、的を射た質問をくり出し、すきのない答えを返す……。このグループの学生は、いわば実業界で出世する「本命」といえるだろう。出身大学も、スタンフォード、ハーバード、プリンストン、ペンシルベニア、ダートマス、カリフォルニア大学バークリー校といった名門ぞろい。まさにトップ・クラスのデキる学生たちである。

次に、クラスの五〜一五パーセントを占めるのが、アリソンやマリーが「ユニークな才人」と呼ぶグループだ。学問に限らず、なにかに大いに秀でた学生たちである。大学までの成績もすぐれているが、必ずしも「卒業生総代」といったタイプではない。GMAT（経営大学院入学適性試験）のスコアも悪くはないが、必ずしも「超高得点者」といったタイプでもない。この「ユニークな才人」たちに共通するのは、並はずれた特殊能力である。彼らはすぐれたバイオリニストだったり、オリンピック選手だったり、物理学の天才だったり……。

新入学生を対象としたオリエンテーションで、マリーはこう語ったことがある。「みなさんの仲間には、すごい人たちがいます。たとえば、NASAで活躍していた女性ロケット科学者とか。しかも、彼女は美人なの！」。学生たちがどっと沸いた瞬間だ。

三番目のグループは、全体の約二五パーセントを占め、クラスに多様性を加味してくれる。さまざまな国や文化や宗教を背景とした学生たちである。「彼らと身近に接することで、自分たちとそれほど違わない存在なのだ、と実感できるところがいい」。アリソンはそう語る。「企業のマネジャーは、結局、自分と同じような外見で、同じような行動パターンの人間を雇いがちだ。けれども学生たちは、自分とはなにかが異なる人びとと、身構えることなく自由に交わる術《すべ》を体得してほしい。そうすることで、教室や会議室に出てくるアイディアも、ずっと多様性に富んだものになるはずだ」

最後に四番目のグループは、じつに興味深い。彼らはさらに別種の多様性をクラスに加味してくれる。すなわち「経験」の多様性である。この一群は、いわゆる学問的な優等生ではないが、厳しい試練や困難を乗り越えてきた者であったりする。私は彼らを「隠し味」と呼んでいる。クラスに独特の味わいと深みを加えてくれるからだ。

「隠し味」の中には、イラクやアフガニスタンからの帰還兵や、小さな鉄工所のマネジャーや、働きながら子育てに励むシングル・マザーもいる。華々しい金融・コンサルティング業界から学びに来ている半数以上の学生とは対照的に、彼らの活躍の場はあまり目立たないことも多い。

「そうした学生が、クラスに現実味を加えてくれることもしばしばある」。アリソンはそう話す。「たとえば、六〇人ほどのクラスで、小企業のCEOが大企業による買収という事態に直面したときにいかに行動すべきか、を討議しているとする。そのとき、じっさいに小企業で働いた経験があり、いろいろな辛酸をなめてきた者が一人でもいると、ほかの学生たちの問題のとらえ方も大きく変わってくる」

私もＧＳＢに入学して間もないころ、一人の教授がとりあげた事例を思い出す。シェル石油が、環境保護団体のグリーンピースの抗議にたいして、どう対処すべきかが問題だった。高速ゴムボートを駆使した彼らの妨害行為はおなじみだろう。クラスの討議が、そんな妨害ボートへの対処法へと移ったとき、海軍士官出身の女子学生がふとつぶやいた。「連中のボートの話は、もううんざりだわ！」。まわりの学生は、思わず笑い声を上げた。「なにか言ったかね？」。教授は彼女のほうに向きなおってたずねた。「私は、任務で船に乗っていたとき、彼らの執拗な妨害に遭遇したのです」。そして彼女は、そのときの模様を詳細に語りはじめる……。

クラスの討議に、思わぬ「視点」が加わったことで、事例研究が大いに現実味を帯びたのである。アリソンはこう説明する。「たとえば、討議のテーマが労働組合との交渉についてだとする。そのとき、大手の鉄鋼会社のマネジャーがクラスにいれば、ゴールドマン・サックスから来た学生とはまったく異なる視点を、話しあいの場にもちこんでくれるだろう。労使交渉の経験さえあるかもしれない」。そして、こんな大切な側面を指摘する。「しかも、ビジネススクールで偶然に出会った多彩な仲間たちは、学生にとって将来の貴重な

〝人脈〟となる。多方面にわたる広範なネットワークを手に入れるわけだ」

じっさい、ビジネススクールで生まれた「セレンディピティ」は、その後の人生にも大きな役割を果たす。クラスで偶然に知りあった二人の友が新たな事業を起こす、といったストーリーは世間に山ほどあるだろう。

私の場合も、例外ではない。ビジネススクールでたまたま一人の女性と知りあい、そこから別の男性のクラスメートを紹介され、こんどはその彼が年配の同窓生に引きあわせてくれ、環境問題に関心をもつその人と非営利組織を立ち上げ、それがきっかけとなって最初の本を書き、そこからデンプシー大将へと結びつき、そのことを書いた本書が誕生して、いまあなたがこうして読んでいる……。まさにセレンディピティである。

さらに、選抜事務局がすべての入学者に求める、もう一つの大切な要素がある。アリソンはこう語っていた。「私たちは、たんにクラスを築くのではなく、社会を築いていることを忘れてはならない。入学してくる者は人を思いやり、人を助ける気構えのある人物でなくてはならない。だから、志願者はよきクラスメートになりうるか、よき同窓生になりうるか、よき社会の一員になりうるか……？　学生たちには、自分が社会を築く一員であることの責任を、積極的に果たしてもらいたいと願っている」

だからこそ、もしも志願者が高い能力に恵まれているのならば、それをどう使うつもりなのかに、選抜事務局は大きな関心を寄せる。

「自分は〝きわめて有能〟である、と願書でアピールするのは結構。けれども、それだけでは足りない。ほかの美徳はどうした？　私たちが知りたいのは、有能なあなたが社会でなんの役に立ち、どんな貢献ができるのかという点なのだ」

どの大学でも、大学のカラーを大事にしてくれる学生を一定数求めている。この大学のコミュニティの一員になりたいから、この大学の卒業生になりたいからという理由で、大学を選ぶ学生である。GSBの選抜事務局も同じだ。大学やそのクラス、あるいはクラスメートを尊重してくれる学生を求めている。そしてその学生が、異なる世界、異なる社会から来たさまざまな知性と出会い、たがいの見解や体験、視点を尊重できるような環境をつくろうとしている。目指すは、思いやりのある、思慮にあふれたコミュニティの建設である。

こうした価値観を中心に大学を組織することで、選抜事務局はみごとにセレンディピティを引き出している。興味深いことに、同じような試みは社会のいろいろな分野で見られる。目的は異なるかもしれないが、セレンディピティにいたる道は同じなのである。

ディナー・パーティを解剖する

ロビン・ファーマンファーメイアンは、人なつこい笑顔とブロンドの巻き毛が魅力的な女性だ。身長は一六三センチ——一〇センチのハイヒールを履けば、である。彼女は、アメリカでもトップ・クラスの実力を誇るサンフランシスコ・バレエ団で、四年間にわたって理事を務めてきた。そして、ディナー・パーティの達人でもある[3]。

だとしたら、だれもがロビンはおいしい料理を用意し、お客を温かくもてなし、楽しい会話を心がけているのだろう、と想像するに違いない。じっさいそれは真実だが、すばらしい宴《うたげ》を演出するには、さらに大切な要素があると彼女は言う。ロビンによれば、ディナー・パーティは「セレンディピティ」を呼び起こす絶好のチャンスなのである。「おもてなしの上手なホストは、うまくいくパーティには必ずセレンディピティの要素が加味されていることを、だれでもよく知っています」。ロビンはそう断言する。「そんな会は、思わぬ成果や収穫があるし、わくわくして楽しめます。ただし、ホストはすべてを偶然まかせにして、パーティが成功する確率を高めるための準備を事前にはまったくできないという意味ではありません」

私たちは、ロビンに招かれたブランチの席で、その秘密をなんとか垣間見ようとした。完璧なパーティを催すための留意点を、彼女は最初にあれこれ話してくれた。お客がその会に求めるものをよく理解し、おしゃべりがスムーズに運ぶよう気づかい、照明にも心を配る……。「フォーマルな雰囲気の会にしたいときは、部屋の明かりはもう少し落として、キャンドルをともし、ソフトなBGMをかけます」。彼女はブランチの席と比較するように言った。

たしかに、そうした気づかいは大切だろう。しかし、次に彼女が明かしてくれた「三つの秘訣」はちょっと意外だった。

第一に、パーティの規模や公私の別にかかわらず、ロビンはつねに会の「目的」を明確に設定している。セレンディピティは自然に生じるもの、という考え方とはあい反するだろうか。「私がいつでも最初に考えるのは、このパーティの目的はなにかということです」。ロビンはそう語る。じっさい、「計画されたセレンディピティ」は、綿密にお膳立《ぜんだ》てされた出来事と、まったくの偶然との中間に位置するという事実をあらためて思い出してほしい。好ましい偶然を呼び起こすためにできることはいろいろとあるものだ。「あるパーティでは、とにかく楽しむことが目的。また別の会では、ビジネス・チャンスをつかんだり、チャリティ・イベントの宣伝をしたり、未来について語りあったりが目的でしょう」

目指すべきゴールを明確にすることと、そこにいたる道筋をはじめから限定することとは、まったくの別ものだ。みんなの気持ちを縛ることなく、上手にリードすることが肝心である。「何人かを集めたとき、会を成功に導くカギは、その集まりの目的を見失わず、きちんとそれを実現することだと思います。みんなを幸せな気分にするためにも」

第二の秘訣は、忘れがちだが大切なポイントである。私たちはセレンディピティを呼び起こすことに気をとられがちだが、それを妨げる条件にも用心しなくてはならない。ロビンはこんな留意点をあげた。「まず、部屋中を内向的な人たちで埋めつくしたらダメ。会がうまく運ぶよう、外向的な人たちも適当に交ぜましょう。また、相性が悪そうな人たちをいっしょにするのも禁物。派手な喧嘩を見たいのなら別ですが……。人はおたがいに口に出してやりあわなくても、なんとなく相手の嫌悪は感じるものです。ホストがいくら仲をとりもっても、その場の雰囲気はよくならないでしょう」

そして、招いた人に居心地の悪い思いをさせてはならない。「たとえば、だれもが服装についてよく心得ていることが大切です。男性には『スーツを着てきてね』とはっきり頼んだり、女性には『私はドレスを着るわ』とやんわり伝えたりも必要です。みんながカクテル・ドレスで着飾っているときに、自分だけジーンズとスニーカーでやって来たら、パーティを楽しむ気になんてなれないですから」

そして第三の秘訣は、パーティに「助っ人」を招いておくことだ。ちょっとした用事などで席を離れたときも、座をとりもってくれる人がいるとありがたい。「お料理の準備でキッチンへ立ったり、来客を玄関で出迎えたり、だれかと二人だけで個人的な話をしたりと、ホストがパーティの輪から抜ける時間はあるものです」。そんなときに大活躍するのが、「第二のホスト」である。社交的で話上手な人が適任だろう。「自分がその場にいない間も、座がしらけないようにする配慮は欠かせないものです」

さて、ロビンはこんなふうに毎日、ディナー・パーティのことばかり考えているのだろうか？　答えは、ノーだ。彼女はシンギュラリティ大学の副総長も務めているのである。

シンギュラリティは、政界や財界のリーダーを対象に、最先端のテクノロジーについて教育する一風変わった大学だ。そこではSF小説から飛び出たような斬新なプロジェクトもいろいろと立案されている。コンピュータ制御の自動車、患者の健康を維持するマイクロロボット、孤立化した地域に物資を輸送する無人飛行機……。

ロビンはこの大学でも、ディナー・パーティを成功させるのと同じ技法を導入している。
「私の仕事は、企業のCEOや政界のリーダーたちの間に、実り多いセレンディピティが生まれるような環境をつくることです」

フランス革命と『ハフィントン・ポスト』

それは、ゴシップ記者やパパラッチがよだれを垂らしそうな会合だった[4]。集まった三〇人ほどの面々は、ハリウッドの有名人ばかりである。女優のメグ・ライアン、映画プロデューサーのデビッド・ゲフィン、コメディアンのラリー・デビッド、脚本家のアーロン・ソーキン、そして民主党の政治コンサルタントのピーター・ダウとジェームズ・ボイス。まるでアカデミー賞授賞式のパーティ会場に集まった人びとのようだ。

しかし、このグループの使命はアメリカの政治を改革することにあった。そして興味深いことに、彼らは一つのすばらしい成果を生み出したのである。

じつは、こうした種類の会合の起源は、一八世紀の革命前のフランスにまでさかのぼる。

当時、フランスで「サロン」と呼ばれていた人びとの集いは、まさに「セレンディピティ」を生み出す会合の原型だったともいえるだろう。

「サロン」は、もともとは大邸宅の「客間」を意味したが、やがてそこで催される「会合」を意味するようになった[5]。自由で開放的な雰囲気の中、知識人や芸術家や政治家などが気ままに集った。啓蒙思想家のルソーやヴォルテールの姿もそこにあったはずである。

そんなサロンで、人びとは政治や社会の諸問題についても熱心に論じあった。雑談に花を咲かせるだけの茶話会と映る集いが、じつは大きなパワーを秘めていた。サロンは一八世紀のフランス社会に「余白」を生み出し、さまざまな「異分子」を招き入れたのである。その結果は驚くべきものだった。パリ中のサロンで、アメリカ独立戦争の成果と理念が語られ、啓蒙思想が大いに広められ、ついには民衆を巻きこんだフランス革命へと結実するのである。

二〇〇四年一二月三日、メグ・ライアンをはじめとする著名人が、ロサンゼルスのアリアナ・ハフィントンの自宅に集った会合も、その延長線上に位置するものといえるだろう。

七〇年以上前の一九三〇年代、ロサンゼルスは、台頭するファシズムから逃れてきたヨーロッパの知識人であふれかえっていた[6]。彼らはアメリカに、ヨーロッパのサロン文化をもちこんだ。

ロサンゼルス・カウンティ美術館芸術文化研究所の所長を務めるポール・ホールデングレーバーは、現代のロサンゼルスについてこう語る。「きわめて雑然とした都市で、中心になるものがありません。住民は知的生活を共有できる場を求めています」。そのためロサンゼルスでは、サロンが情報交換の場として生きながらえることになった。あれから数十年にわたり、さまざまな著名人がサロンを開いている。

たとえば、フランスの作家アナイス・ニンは、ロサンゼルスのシルバーレイクで「アラーの庭」というサロンを主催していた。その参加者リストには、作家のレイモンド・チャンドラーやF・スコット・フィッツジェラルド、劇作家のベルトルト・ブレヒトの名がある。別のサロンの常連客には、作家のトーマス・マンがいた。オルダス・ハクスリーも自身でサロンを開催している。

作家のアリアナ・ハフィントンは、人気の「ブック・サロン」（読書会）をいくつか運営している。ときにはハリウッドの有名スターなどの参加もあり、人びとが集まっていろいろなテーマについて自由に話しあえる場だ。じっさい、多様な社会的背景と人生経験をもった人びとが集まると、思いもしない創造的なアイディアが生まれるものである。

二〇〇四年の大統領選の際、民主党候補のジョン・ケリーが現職のジョージ・W・ブッシュに敗北を喫した一カ月後、ハリウッドの党支持者たちはなにか行動を起こしたいと考えていた。そこで、何年もブック・サロンを運営してきたハフィントンは、自宅に関係者を呼び集めることにした。サロンの伝統に従い、事前にテーマなどはいっさい決めていなかった。とはいえ、ロビン・ファーマンファーメイアンのパーティと同じく、目指すべきゴールは明らかだった。ホワイト・ハウスをとりもどすことである。結局、保守系ニュース・サイトの『ドラッジ・レポート』に対抗すべく、リベラルな意見発表の場を設けようという結論にいたった。

そうして生み出されたのが、『ハフィントン・ポスト』である。

ここで重要なのは、その夜に集まったハリウッドの人びとは、みな政治の世界とは無縁の「異分子」だったという点だ。彼らをサロンに呼び寄せたものは、GSBが学生たちに求めるのと同じ、社会になんらかの貢献をしたいという強い思いである。政治の風向きをぜひとも変えたい、と。

アリアナ・ハフィントンは、見栄を張って著名人に参加を呼びかけたように見えるかもしれない。だが、当初『ハフィントン・ポスト』が注目を集めたのは、こうした著名人のブログを利用したからなのだ。以来『ハフィントン・ポスト』は、リベラル左派の意見を発信する有力なニュース・サイトに成長している。

セレンディピティとサイロ型組織

「サイロ」とは、家畜の飼料にする牧草などを貯蔵する、窓のない密閉性の高い倉庫のことである。そこで、それぞれの部門や個人が孤立し、適切な連携に欠ける組織は「サイロ型組織」と呼ばれる。組織のサイロ化は、セレンディピティの大敵といえる。だれもがパーティションで仕切られた小さな個別席《キュービクル》に閉じこもっていたら、思いがけない偶然など生まれるはずがない。

サイロ型組織の弊害を痛感したのは、オーガスタでの陸軍研修中のある晩、地元のバーで数人の士官とテーブルを囲み、三杯目のビールを楽しんでいるときだった。みんな陽気になり、軍隊や家族の愉快な話で笑っている。

「えっ?」。最近の仕事について語っていたダンに、チップという名のもう一人の士官が問いかけた。「ということは、どのビルで働いているんだ?」。二人は同じ軍の施設に勤務している。何度かメールの交換はしたが、じっさいに会ったことはなかった。

「一三三号ビルだ。で、そっちは?」

「えっ、まさか! こっちも同じビルだ。じゃあ、何階?」。結局、二人は同じビルの同じ階で働いていることが判明した。しかも、たがいのキュービクルは一〇メートルと離れていない。それなのに、オーガスタに来るまで一度も会ったことがなかったのである。

「信じられない……」。チップが唖然として言った。「すぐそばに座っていたのに、話しに行く代わりにメールで連絡をしていたんだ」

だれもがパーティションで仕切られた個別の空間にこもり、なんでもメールで片づける職場環境は、組織の分断化を招くという現実に、さまざまな機関が気づきはじめている。サイロ化をどうにか防ごうと、弁当持参の昼食会を開いたり、懇親会を催したりと各種の工夫も試みられている。しかし、サイロを崩すことは容易ではない。

「組織内で懇親会などを開いても、結局、知っている人間といつもどおりの話をして終わるだけだ」。チップはそう言う。

「いやでも出席しなくてはならない、そういう組織主催の集まりをなんと呼ぶか知っているか？　〝強制的お楽しみ会〟っていうんだ」。ダンが皮肉まじりに言った。

この種の「強制的お楽しみ会」には問題がある。セレンディピティは、その発生を促すことはできるが、無理やり発生させようとしてもうまくいかないからだ。かつて軍隊には「士官クラブ」というものがあった。士官どうしがアルコールを飲みながら、食事や会話を楽しむ場だ。

そこで酒を飲むときは、階級の上下にかかわらず〝無礼講〟がならわしである。だから上官にたいしても正直に胸の内を伝えられた。ときには命令や方針に異議を唱えることもあっただろう。そんな士官クラブのように、だれもが対等に思いを語れる場は、組織内に「余白」を生み出し、ふだんは発言を控えがちな部下や他部門の人間といった「異分子」にも、貴重な提言をする機会をあたえるのである。

ただし、酒を飲むことには代償がともなう。飲酒運転など酩酊によるトラブルはつきものだ。また、ほとんど男性ばかりのクラブのため、性差別的だと見なされることも多く、女性を敵視していると思われることさえある。こうした理由から、士官クラブはしだいに消滅していった。だが、弁当持参の昼食会では、セレンディピティの機会を提供することも、組織のサイロを崩すこともできない。

では、私たちはなにをすべきなのだろうか？　そんな問いに答えるために、まずはロビン・ファーマンファーメイアンが唱えた、ディナー・パーティの第二の秘訣を思い出してほしい。セレンディピティを妨げる「障害」をとり除くのである。いろいろな組織が採用している興味深い方法が二つあるので紹介したい。一つは、テクノロジーを利用して小さなネットワークをつくり、それを活用して組織のサイロとサイロをつなぐ方法、もう一つは、オフィスを完全に模様替えする方法である。

現在、企業向けのソーシャル・ネットワーク・サービスが人気を博している。マイクロソフトの「ヤマー」、セールスフォースの「チャター」、ジャイブ・ソフトウェアの「ジャイブ」などである。こうしたサービスを提供している企業はいずれも、フェイスブックやツイッターといったソーシャル・ネットワークがセレンディピティを効果的に生み出すことを知っている。ユーザーは、友達や、友達の友達とつながることで、家や新たな仕事、あるいは別の友達まで見つけることができる。だが、企業がこうしたソーシャル・ネットワークを利用するのは難しい。フェイスブックのような公開フォーラムに会社の内情を投稿されては困るからだ。

そこで、「企業内ソーシャル・ネットワーク」というアイディアが生まれた。これはいわば、社内専用のフェイスブックである。ユーザーは、写真を投稿することも、情報を書きこむこともできる。ツイッターで人気歌手のジャスティン・ビーバーをフォローするように、ユーザーどうしで情報をフォローしあうことも可能だ。

企業内ソーシャル・ネットワークを導入した成果は驚くべきものだった[7]。ほかのコミュニケーション・ツールとは違い、このネットワークはだれもが積極的に利用した。たとえば、オーストラリアのシドニーにオフィスを構える、大手会計事務所デロイト社での出来事。入所二年目の若いコンサルタントが、ある顧客のために画期的な解決案を思いついたが、それが先方にとって本当にベストの策かと悩んでいた。そこで彼は、事務所内のネットワークにみずからの抱える問題を書きこんだ。まるでジャスティン・ビーバーが、ライブ・ツアーの感想をツイートするように。すると、メルボルンの支所で働く同事務所のメンバーの一人が、相談相手として別の二人のメンバーを紹介してくれた。その一時間後、コメントを読んだコンサルティング部門の長が、二人のうちのどちらが適任かを教えてくれた。翌朝、その人物に電話をかけたところ、悩みはたちどころに解決された……。

あなた自身の会社や学校にも、ソーシャル・ネットワークが導入されたらと想像してみてほしい。だれもが意見やアイディアを共有でき、新たな人間関係も生まれるだろう。そこで重んじられるのは、あなたの貴重なコメントであり、組織内での地位や属する部署はまったく関係がない。入所二年目の若いコンサルタントも、部門の長からじかにアドバイスを得られたように。そうして、組織内で情報がスムーズに多くの人の手に渡るとき、セレンディピティも起こりやすくなるのである。

じっさい、組織内のソーシャル・ネットワークは、さまざまな人が参加できる「公開討論会《フォーラム》」の場といえる。オフィスの片隅に埋もれていた情報も、多くの人の目を引きつけられる。部門間の障壁もずっと低くなるだろう。

さて次に、第二の方法は、「オープン・オフィス」の導入である[8]。パーティションで仕切られた個別の席は廃止し、壁のない広々としたスペースをつくる。そして、そこに大きなテーブルをいくつか並べる。従業員は、だれも自分専用のデスクはもたず、毎日、座る場所を変えなくてはならない。今日はこのテーブル、明日はあのテーブルと移動する過程で、より多くの仲間たちと触れあえるというわけだ。写真立てやマグカップなど、毎日テーブルの上に置くものは、退社時に各自のロッカーにしまっておけばいい。

ただし、この方法の問題点は、あまりにも秩序がなくなりすぎるところにある。従業員たちは落ち着いて停泊できる港を失ったように感じるし、まわりの雑音が気になって防音ヘッドフォンを着ける者も出てくる。仲間の声が耳に届かないようでは、貴重な情報交換も妨げられてしまう。

ニューヨーク市長のマイケル・ブルームバーグは、そうした問題点に気づいていたのかもしれない[9]。就任の直後、ブルームバーグは歴代の市長が使ってきたオフィスを去り、市庁舎の二階にある財政監査委員会の大きな部屋へと移ることを決めた。すべての壁をとりはらい、五一人の市職員がとり囲む中央に、みんなと同じ大きさのデスクを置き、そこをみずからの居場所としたのだ。第一副市長とは手が届くほどの距離である。ここは、ブルームバーグの「大部屋《ブルペン》」として知られるようになる。市長は、かつて勤務していた大手証券会社ソロモン・ブラザーズの職場のイメージを、役所にも導入したのだろう。トレーダーたちは、背の低いパーティション越しにつねに仲間と情報を交換しあっていた。ブルームバーグの「大部屋」は、たしかにオープン・オフィスだが、二つの重要な点において一般のレイアウトとは異なっている。

第一に、職員はみな自分自身の席をもっている。家族の写真などの私物も自由に置ける。ただし、ほかの職員たちとの距離は近く、いつでも言葉をかけあえる空間になっている。

第二に、ブルームバーグ市長はフロアーの中央に座っている。つまり、自分が職場の中心にいることで、職員たちも本気で働くし、市庁でいま起きていることを肌で感じられ、各部門からの報告も即時に聞けるし、組織の階層の五段下の職員ともじかに接することができるのである。しかも、市長は重要なミーティングもそこでおこなう。職員たちはその様子を見られるし、話の内容さえ聞くことができるというわけだ。

正直なところ、当初は職員の多くが新たなレイアウトに違和感をもっていた。スタッフの一人はこう話している。「はじめは、絶対になじめないと思っていました。でも、市長が上層部のミーティングまでみんなの目の前で進めているのを見たら、なんでもオープンな環境も悪くないと感じました。こういうやり方もいいものだ、と」

助役のエドワード・スカイラーは、市長が現在のレイアウトを好むのは、「情報の流れが促進される」からだと言う[10]。ブルームバーグによれば、オープンな環境のおかげで、職員たちが市長のデスクまでやって来て、さまざまな意見や質問をじかに提示しやすくなった。長い廊下、閉ざされた扉、待ちかまえている秘書といった、オフィスに典型的な障害があると、部下は上司のもとを訪ねにくくなるものである。

元ワシントン市長のエードリアン・フェンティも、ブルームバーグにならい、やはり「大部屋」を導入していた[11]。彼のもとで政策・立法部門の長を務めたジョアン・ギンズバーグは、こう語っている。「以前なら、一つの問題について五回もメールのやりとりをしたのに、〝大部屋〟なら短い立ち話ですぐに解決できます」

じっさい、「大部屋」は情報の流れを促進し、セレンディピティを起こしやすくしてくれる[12]。ブルームバーグはこう言う。「私は、全員が力を合わせて働こうと宣言した。しかし、それを真に可能にしてくれたのは、壁のない空間だ」

組織を分断する物理的・精神的な〝壁〟をとり崩し、多様な人材が自由に意見やアイディアを交換できる環境を整えれば、思いがけない出来事が必ずや起こるはずである。

第7章

カオスとシリコンバレー

PUTTING IT ALL TOGETHER

シリコンバレーの神秘

二九歳のロバート・スワンソンが、ハーバート・ボイヤー教授を訪ねたときの立場になれば、だれでも身がすくむような思いだろう[1]。相手はこちらの話を聞くことにまったく関心がないのである。

一九七三年、ボイヤー教授はカリフォルニア大学サンフランシスコ校医学部で、世界の注目を集める研究を進めていた。やがて教授は、二つの異なる種のＤＮＡの一部をつなぎ、新たなＤＮＡをつくる方法を考案した。これは私たちが考える以上に重要な意義をもっている。というのは、この新しいＤＮＡを細胞に戻すことができれば、特殊なワクチンなどの形で病気の治療に利用することが可能になるからだ。

一方、ロバート・スワンソンは、まだ小さかったベンチャー・キャピタル会社、クライナー・パーキンス社の一員として大きな夢を追っていた[2]。彼の目標は、教授とともに遺伝子工学を利用した新たな事業を興すことである。しかしボイヤーは、シリコンバレーで電子産業への投資を専門とする会社の若者が、なぜ生化学者の自分に会いに来るのか理解できなかった。スワンソンとの面談にまったく無関心だった教授は、彼に一〇分だけ時間をあたえることにした。

スワンソンはひたすら説得に努めた。一〇分の約束ではじまった面談は、いつしか三時間を経過した。そして最後に、若者の熱意に打たれた教授は新たな事業を興すことに同意したのである。二年後、ジェネンテック社と命名された会社は、インシュリンの大量生産に成功する。「バイオテクノロジー」という新たな産業が生まれた瞬間だった。

半導体の主原料シリコン（ケイ素）にちなみ、「シリコンバレー」と呼ばれるその地域は、なぜ今日にいたるまで新たな産業を創造しつづけているのか？　なぜ、ほかの都市には真似のできない革命を起こしつづけているのか？

世界を見わたしても、シリコンバレーほどの創造力・回復力を備えた地域はまずない。世界中の名の知れた産業都市の多くは、ただ一つの製品をまさに〝売りもの〟にしている。イタリアのモデナはバルサミコ酢で有名だ。デトロイトは自動車産業が発展していることから「モーター・シティ」と呼ばれている。ピッツバーグは鉄鋼で名高い。ロサンゼルスはハリウッド映画を筆頭に、世界の娯楽の中心地となっている。

いわば、ハリウッドは映画、デトロイトは自動車、モデナはバルサミコ酢と相場が決まっている。しかしシリコンバレーは、たんに半導体に限らず、バイオテクノロジー、先端医療技術、インターネット、ソーシャル・ネットワーキング、そして急成長のグリーン・テクノロジー（環境保全技術）にいたるまで、じつに多彩な産業分野の中心地の座を占めている。問題は、なぜか、である。

天才たちと資金の宝庫

シリコンバレーの特異性を説明するために、ここでは三つの理論を紹介したい。

最初の二つは、カリフォルニア大学バークリー校のアナリー・サクセニアン教授が著書『現代の二都物語――なぜシリコンバレーは復活し、ボストン・ルート128は沈んだか』（日経BP社刊）の中で説いた理論である。

第一の理論は、シリコンバレーの緊密な「人的ネットワーク」と関連がある[3]。つまり、もしも大勢の頭のいい人間を一カ所に集めたら、きっと彼らはどこかで偶然に知りあい、楽しく語りあい、たがいに影響しあって、そこから驚くべきなにかが生まれるだろうというのである。

たとえば、起業家のフランク・レビンソンは、ある日、ロバート・メトカーフ夫妻からディナーに招かれた[4]。メトカーフは、LANに使用される「イーサネット」という技術規格の発明者として知られている。しかし、レビンソンが招待されたのは、ビジネス上のつながりからではなかった。彼の幼い娘が、メトカーフの娘と仲良しだったからである。レビンソンの経営するフィニサー社は、当時、光通信業界で苦戦を強いられていた。そこでメトカーフは、業界の既存の規格に準拠することで、新たな活路が見いだせるのではないかと助言した。レビンソンはそのアドバイスに従ったところ、状況は好転し、同社は業界屈指の企業へと成長するのである。

こうした緊密な人的ネットワークは、シリコンバレーが繁栄する大きな要因の一つだろう。同地はまるで磁石のように、すぐれた起業家や天才的な技術者を引き寄せる。そして、そこから革新的ななにかが生まれるのである。しかし、そもそもどうすれば、特定の地域あるいは組織に磁石のように人を集めることができるのだろうか？

第二の理論は、一八七二年に制定された「カリフォルニア州民法」と関連がある[5]。カリフォルニア州では、労働者に職場を選択する権利が保障されている。そのため企業は、他州のように従業員に「競合禁止条項」を課すことができない。これは競合する他社への転職や、競合する新会社の設立を禁じる契約条項である。つまりシリコンバレーでは、会社に不満のある従業員は、自分の知識や技量を存分に生かすため、自由に転職・起業ができるというわけだ。そんな労働環境が、やがて思いもよらぬ結果を生むのである。

ウィリアム・ショクレーは、ベル研究所で二人の同僚とともにトランジスタを発明した[6]。一九五六年、その功績が認められてノーベル物理学賞を受賞した。そして同年、カリフォルニア州マウンテンビューに、みずからが率いるショクレー半導体研究所（のちのショクレー・トランジスタ社）を創設する。

当時、ショクレーのトランジスタは、ゲルマニウムを半導体として使っていた。しかし、この素材は熱に弱いうえに高価だった。そこで、熱に強くて安価なシリコンを利用し、新たなトランジスタを開発する試みに着手したのである。

研究所はそうして華々しいスタートを切った。

しかし、ショクレーは優秀な発明者であると同時に、稚拙な経営者でもあった。秘書が小さなけがをしたときも、だれかの悪意によるものと決めつけ、犯人捜しに嘘発見器までもち出したほどである。所内の技術者たちとの関係は険悪になる一方だった。しかも、思わしい結果の出ないシリコン・トランジスタの開発を、なんと打ち切ることに決めたのである。

当時、大半の人は一つの企業に一生を捧げるものだった。しかしショクレーのもとで働いていた八人の優秀な若手技術者たちは、ついに退職を決意する。一八七二年以前であれば、「競合禁止条項」のために彼らの選択肢は二つしかなかっただろう。研究所に残るか、退職してほかの分野で働くかである。けれども、八人は出資者を見つけ、自分たちのフェアチャイルド・セミコンダクター社を設立した。

ショクレー半導体研究所での経験を生かし、シリコン・トランジスタの開発にもついに成功し、彼らは大きな収益を得ることになる。創設メンバーの一人、ユージン・クライナーは、のちにベンチャー・キャピタル会社のクライナー・パーキンスを興し、前述のようにジェネンテック社などにも出資する。また同じくロバート・ノイスは、世界初のシリコン集積回路を生み出して、特許も取得した。創業のほぼ一〇年後、ノイスは仲間の技術者ゴードン・ムーアとともに、フェアチャイルドを退社する。そしてインテル社を創設するのである。

そうした動きは、今日にいたるまで変わらない。動画サイトの「ユーチューブ」、ソーシャル・ネットワーキングの「ヤマー」「リンクトイン」、電気自動車メーカーの「テスラ・モーターズ」。これらに共通するものはいったいなんだろうか？　いずれも、インターネット決済会社「ペイパル」から独立した従業員たちが、それぞれ築いた企業なのである。シリコンバレーで働く人びとは、こうして独自の知識と革新の精神、起業の雄志をもって企業から企業へと軽やかに渡り歩く。

第一の理論が示すように、緊密な人的ネットワークは思わぬ「セレンディピティ」を生み出す。また第二の理論が示すように、労働者の自由な移動は組織に「異分子」を招き入れるのである。

そして第三の理論は、「お金」と関連がある。

フェアチャイルド・セミコンダクター社は、投資家のシャーマン・フェアチャイルドの名を冠している。ユージン・クライナーたちが投資家を探していたとき、フェアチャイルドとの間をとりもったのが、ハーバード・ビジネススクールを卒業して間もないアーサー・ロックという若者である。フェアチャイルドもロックも、ともにニューヨークを活動の拠点としていた[7]。

投資家のフェアチャイルドは、従業員持ち株制度を認めようとしなかった。それがきっかけで、やがて数名の技術者がフェアチャイルド・セミコンダクター社を去り、それぞれが独自のベンチャー企業を立ち上げることになる。するとアーサー・ロックは、投資のチャンスを求めて西海岸へと進出し、シリコンバレー初となる本格的なベンチャー・キャピタル会社を設立した。この企業は間もなく、インテルやアップルに投資することになる。

パロ・アルトの隣町メンロー・パークにあるサンド・ヒル・ロードという通りを少し歩いてみれば、シリコンバレーがいかに潤沢な資金の宝庫かがわかるだろう。

この通りには、ベンチャー・キャピタル会社が目白おしだ。サンド・ヒル・ロード二四八〇番地には「ベンチマーク・キャピタル」がある。ここは、画像共有アプリケーションを開発したインスタグラム、ビジネスレビューサイトを運営するイェルプ、およびツイッターに投資している。二七五〇番地には「クライナー・パーキンス」がある。グーグル、税務処理ソフトウェア会社のインテュイット、AOL、コンパック、シマンテック、ベリサイン、ソーシャルゲームサービス会社のジンガ、保健関連情報サービスを提供するウェブMD、そしてジェネンテックに出資している企業である。そこから数軒先の二八八二番地にある「ドレーパー・フィッシャー・ジャーベットソン」は、エネルギーサービスを提供しているソーラーシティ、ホットメール、インターネット検索サービス会社のオーバーチュアへの投資で有名だ。三〇〇〇番地にある「セコイア・キャピタル」は、グーグル、ユーチューブ、ペイパル、シスコシステムズ、オラクル、インスタグラムに資金を提供している。わずか一キロメートル余りの間に、これだけのベンチャー・キャピタル企業が軒を連ねているのだ。

シリコンバレーには、これほど潤沢な資金を集められるほど優秀な人材が集まっている。だが、それはなぜなのか？ シリコンバレーが生まれたころのことを思い出してみてほしい。当時はカリフォルニア州でさえ、転職する労働者はまれだった。労働者が気楽に職を替えられるシリコンバレーの文化はどのように生まれたのか？ また、ベンチャー・キャピタル企業がいずれも同じ地域に拠点を置いているのはなぜなのだろうか？

スタンフォード大学などで起業家教育にあたるスティーブ・ブランク教授によれば、その答えは「知能検査」と「結核」と「国防」にある。

シリコンバレーの陰の立役者

もしもこの世に、「知能検査」で有名なルイス・ターマン教授がいなかったなら、今日のシリコンバレーは存在しなかったかもしれない。

一九一〇年、ターマンは教育心理学の教授として、カリフォルニア州スタンフォード大学に赴任した[8]。彼がフランス人のアルフレド・ビネが開発した知能検査を改訂し、広く用いられる「スタンフォード式検査」を作成したのも、同大学においてである。そして後年、教授の息子のフレデリック・ターマンもスタンフォード大学に入学する。電気工学を専攻したフレデリックは、さらに東海岸のマサチューセッツ工科大学（MIT）で博士号を取得し、同大の教員として残ることになった。教職につく前の夏休み、彼は故郷のパロ・アルトにいったん帰省した。しかし楽しいはずの滞在が命を脅かす事態へと発展するのである。

一九二四年、フレデリック・ターマンはパロ・アルトで結核に感染してしまう。当時は有効な抗生物質もなく、マサチューセッツにもどる代わりに、故郷で療養に専念することになった。ベッドにいるときには胸の上に砂袋を置き、負荷を加えて肺を強化した。その結果、幸運にも体は順調に回復し、一年後にはかつて指導を受けた恩師の計らいで、母校のスタンフォード大学で教鞭をとれることになった。

念のために言えば、当時のスタンフォード大学は、いまほどの名声にも資金にも恵まれていなかった。大恐慌のあとなど、電気工学部の屋根にあいた穴を修理するお金にもこと欠き、学生たちは雨水を受けるバケツをいくつも用意したほどである。新たな教員を雇い入れる経済的余裕もなく、フレデリックは学生たちが独自の勉強会を結成するよう勧めていた。

当初から、フレデリックは学生たちに自由をあたえることの価値を信じていた。だから教え子のウィリアム・ヒューレットとデビッド・パッカードにも、学問の世界や既存の企業に縛られるよりも、自分たちの会社を興すよう助言していた。二人はその言葉に従い、パロ・アルトのパッカード家のガレージで事業を起こした。やがて世界最大級のＩＴ機器メーカーに成長する、ヒューレット・パッカード社の誕生である。今日、そのガレージは「シリコンバレー発祥の地」と称されている。

フレデリック・ターマンは、その意味でシリコンバレーの生みの親といえる。スタンフォード大学をアメリカ有数の大学にしただけでなく、「余白」を生み出してベンチャー企業の設立を推進し、「異分子」を歓迎するコミュニティを育てあげたのである。

「シリコンバレーは、かつては〝ディフェンスバレー〟だった」。そう指摘するのは、スティーブ・ブランク教授である[9]。教授は大学を中退すると、シリコンバレーで新興企業八社の立ち上げに参画した。そのうち四社が株式公開にいたっている。教授が断崖に建てた絵のように美しい邸宅から眺めると、見わたすかぎり広がる太平洋がまるで巨大なプールのように見える。教授にとってシリコンバレーは、このうえなく心地よい場所だ。

教授によれば、第二次大戦が勃発すると、当時の科学研究開発局長だったバニーバー・ブッシュは、フランクリン・ルーズベルト大統領にたいして、国防《ディフェンス》のために各大学の研究室に総額四億五〇〇〇万ドルの資金を提供すべきだと進言したという。

その結果、少なくとも一部の学術機関はその恩恵を受けた。

マサチューセッツ工科大学（ＭＩＴ）は一億一七〇〇万ドルの資金供与を受け、敵の航空機をとらえるレーダーの技術開発のため、極秘の研究室を開設した。そこからチャールズ川を隔てた対岸にあるハーバード大学でも、三〇〇〇万ドルの資金を得てスタンフォード大学からフレデリック・ターマン教授を招聘し、極秘の研究室を設置した。ところがこちらの研究室では、MITとは対照的に、敵のレーダーをかく乱する技術の開発をおこなっていた。MITはハーバード大学にそのような研究室が存在していることさえ知らない。MITの研究室ではときどき、レーダーがうまく作動しないことがあった。ハーバード大学の研究室が、知らず知らずのうちにMITのレーダーをかく乱していたからなのだが、その事実を知っている者はほとんどいなかった。

しかし、当のスタンフォード大学は蚊帳の外といった状況で、提供された資金はわずか五万ドルだった。終戦後に工学部長として母校にもどったターマンは、たまたまMIT時代の指導教官だったブッシュ局長にかけあい、新たな研究資金を調達した。そして、ハーバード大学で知りあった研究者たちも呼び寄せ、「スタンフォード研究所」（SRI）を設立し、ソ連のミサイルを追跡するレーダーの開発などにも取り組んだ。

それから数年後、ターマンは副学長に就任した。そのころ、大学がキャンパスを拡張しようとしたが、資金が足りなかった。大学創設者のリーランド・スタンフォードは、私有地三三〇〇ヘクタールを寄贈して大学を創立する際、いかなる土地も売却することを禁じていた。しかし賃貸についてはなんの言及もなかった。そこでターマンは、大学近辺に企業が土地を確保できるよう、大学の土地の一部を企業に長期貸与することを提案した。そして「スタンフォード・リサーチ・パーク」（工業団地）を開設し、間もなくイーストマン・コダックやゼネラル・エレクトリック、航空機製造会社のロッキードなど、さまざまな企業を誘致する。二人の教え子が興したヒューレット・パッカードもその一つである。

ターマンがＳＲＩやリサーチ・パークを創設した時期は、ちょうど朝鮮戦争やソ連の核の脅威が増していた時期と一致している。スタンフォード大学は、兵器開発企業に必要な土地を提供することで、パロ・アルトにやってくる企業との関係を築きあげていく。やがてソ連が人類初の人工衛星「スプートニク」の打ち上げに成功するや、国防にかかわる科学研究への支援は劇的に増大した。また一九五八年には、「中小企業投資会社（ＳＢＩＣ）プログラム」が策定され、連邦政府がベンチャー・キャピタル会社に資金を提供することで、小企業への出資・融資がさらに活発化する契機となった。こうして、莫大な資金がシリコンバレーに流れこむ結果となるのである。

ターマンは天才的な手腕を発揮し、スタンフォード大学が国防費を利用できる環境をつくりあげた。しかし、それだけでシリコンバレーが生まれたわけではない。軍はスタンフォード大学に資金を提供する際、大学側にテクノロジーの開発だけでなく製造までおこなうよう要求した。だがターマンが請け負ったのは研究開発のみだった。製造は学外で、スタンフォード・リサーチ・パークの企業がおこなうことを望んだのだ。

こうしてターマンは、シリコンバレーとの関係をますます深めていった。スティーブ・ブランク教授は言う。「ターマンは一九五〇年代後半まで、ＣＩＡの諮問機関に籍を置いていた。陸軍や海軍の諮問機関にも在籍している。株式公開された最初の三社の取締役も務めていた。ターマン自身が、まさにベンチャー・キャピタル産業そのものだったのだ」

シリコンバレーと「余白」

フレデリック・ターマン教授は、院生たちに向かって、博士号の取得は忘れて自分の会社を興したらどうか、とよく声をかけていた。

東部の大学ならば、学部長がそんなアドバイスをすることは考えられない。しかし、西海岸の文化はまだ若かった。縛られるべき伝統もあまりない。ハーバードは三〇〇年以上の歴史を誇っていたが、スタンフォードはわずか六〇年あまりの道のりである。異を唱える大物の同窓生も少なかった。東部では、若者が大学へ進むのは学位を取得して一流企業に入社するためだ。名の知れたＩＢＭをはじめ、大手総合電機メーカーのゼネラル・エレクトリックやウェスティングハウスなどがお目当てだ。自分の会社を興すために、学校へ通う（ましてや中退する）者などいなかった。

しかし今日では、どこの大学であれ、学校を中退してみずからの企業を興す者は少なくない。アップルのスティーブ・ジョブズ、マイクロソフトのビル・ゲイツ、オラクルのラリー・エリソン、フェイスブックのマーク・ザッカーバーグもしかりである。そんなＩＴ業界の風土をつくったのは、やはりフレデリック・ターマン教授だろう。冷戦中を通じて、スタンフォード大学の工学部は、中央情報局（ＣＩＡ）や国家安全保障局（ＮＳＡ）からの要請で、さまざまな技術の研究開発を進めていた。しかし、それを実用化するための装置を構築するのは、学生たちが興した新生企業だったのである。ターマンは、大学の研究室で生み出される新たな技術を民間の企業にも積極的に移譲することで、緊密な「産学連携」を推進していたといえるだろう。

じっさい、そうした知的財産にたいする大学側の寛容な姿勢がなかったなら、のちにラリー・ペイジとセルゲイ・ブリンが、スタンフォードの博士課程を中退し、その研究をもとにして「グーグル」を興すことはできなかっただろう。また、同大学でコンピュータ・

サポート・スタッフを務めていたレナード・ボサックとサンドラ・ラーナーも、大学側からのライセンスを得て「シスコシステムズ」を創設できなかったに違いない。スタンフォード在学中に構内のネットワーク用のワークステーションを開発したアンディ・ベクトルシャイムも、それをもとに「サン・マイクロシステムズ」を立ち上げられなかったはずである。

彼らにはスタンフォード在学中、給与の支払いや売上目標、あるいは株主総会などにわずらわされることなく、思考に時間をかけるだけの余裕があった[10]。

大学を卒業し、厳しい実社会へ出てからも、つねに創造的であるためには、頭の「余白」を保つことが大切である。

「私は、休み時間は創造を生み出すための時間だと確信している」。企業向けクラウド・サービスを提供するボックス社の人事担当副社長エバン・ウィッテンバーグはそう明言する。

エバンは、ウォートン・スクールの指導者養成プログラムの責任者、グーグルの国際指導力養成プログラムの代表、ヒューレット・パッカードの最高人事責任者を務めた経歴のもち主にしては、妙に若く見える人物だ。そのエバンによれば、休息時間はしばしば、それまでに積み重ねた努力を最後に補完する大切な要素になるという。「頭を懸命にフル回転させたあとで、木陰でやれやれと思って休んでいるとき、ふと名案が思い浮かぶものだ」

じっさい、ボックス社は勤務中も休み時間を大切にしている。仕事の合間に任天堂のゲームを楽しむ従業員の姿なども目に入る。「仕事の最中であれ、ときおりモードを変えることは必要だ」。エバンはそう指摘する。「休憩をとることで、また、周囲の環境を変えることで、同じものが違って見えたりするものだ。ロス・アルトスの本社ビルのまわりを何人かで話しながら歩いている従業員もよく見かけるだろう。彼らは〝ミーティング〟をしているのだ。環境を内から外へ、よどんだ空気から新鮮な空気へ、人工の照明から自然の陽光へと、意識的に変えてみることは無駄ではない」

シリコンバレーは、そこで働く者たちの頭の「余白」をとりわけ大切にしているといえるだろう。

シリコンバレーと「異分子」

新たに会社を興すには、もちろん資金が欠かせない。かつての東部では、大学を卒業したばかりの若者が、事業を立ち上げることなど想像もできなかった。なんの保証もない彼らに投資をする人間などいなかったからである。若いからこそ、過去の実績をもたないだけなのだが……。しかしフレデリック・ターマンは、学生に起業を勧めておきながら、資金については知らん顔といったタイプの人間ではなかった。

ターマンは、政府関係のコネを活用して学生たちの事業への投資を募っていた。そうすることで、斬新なアイディアと独自の視点をもった若者という「異分子」を、起業の世界へと送りこんだわけだ。同時に、象牙の塔にこもりがちな教授たちを積極的に産業界へと導いた。教え子たちが興した企業の相談役や技術顧問として、経営に参画させたのである。

シリコンバレーでは、だれもが起業家になることができた。ロバート・ノイスがショクレー半導体研究所を辞め、フェアチャイルド・セミコンダクター社を興し、さらにはインテル社を立ち上げたのも、そんな風土の中でのことだ。

ジャーナリストのトム・ウルフは、『西へ行った二人の若者』というすばらしいエッセーの中で、ノイスのマネジメント・スタイルは生い立ちに起源があると指摘する[11]。ノイスは「会衆派」と呼ばれるプロテスタントの一派（各教会が独立自治を重んじて上からの支配を否定する）の伝統の中で育った。だから彼自身も、組織内の序列を排し、全員の意見に等しく耳を傾ける柔軟性に富んだ経営方針をとったのだ、と。

インテル社では、ノイスは若いエンジニアたちにも大きな自由をあたえていた。ウルフはこう記している。「インテルの中間管理職は、東部の企業の副社長以上の権限をあたえられていた」。一九七〇年代初頭、社内のテッド・ホフという三〇代のエンジニアが、世界初のマイクロプロセッサを発明した背景にも、ノイスが若い従業員にあたえていた信頼と自由があったといえるだろう。マイクロプロセッサの発明を機に、新世代の若き起業家が以後、次々と新たな企業を立ち上げることになる。中には自宅のガレージで会社を興す者もいた。

年齢も性別も背景もさまざまな人材を組織にとり入れるという考え方は、シリコンバレーの隅々に浸透している。ボックス社のエバン・ウィッテンバーグはこう語る[12]。「仕事をするときには、だれもが〝特異な自分〟を存分に出してほしい。私たちが真に求めるのは、各人の〝本当の自分〟であり〝丸ごとの自分〟だからだ。組織に多種多様な人材をとり入れることは、たがいに刺激しあい、さまざまな化学反応を招くという大きなメリットがある。もしも仲間がみんな似たり寄ったりなら、驚くような知恵は生まれてこないものだ。ボックス社は、じつにさまざまな顧客を相手にしている。世界自然保護基金（WWF）から、家庭用品メーカーのP&G社、オンラインDVDレンタルのネットフリックス社にいたるまでだ。だから、社員もいろいろな人材をそろえることで、顧客によりよく対応できるといえる。ちなみに、わが社の人材採用部門の長は、バトン・トワラーの世界チャンピオンだ。すばらしい仲間だと思う。ほかにも、ヒッグス粒子の研究に携わっていた者や、ジャグラーの世界チャンピオン、囲碁の達人、プロのチアリーダーだった女性も二人いる。多彩な人材を迎え入れること、そして彼らの意見に耳を傾けることは、組織にとってきわめて重要だと考える」

ターマンはなにも起業家文化をつくろうとしていたわけではないが、結果的に生まれたものはまさしくそれだった。一個人がシリコンバレーに設けた基準と規範が、セレンディピティを促し、ほかのどこにも類例のない〝革新への原動力〟を生み出したのだ。

セレンディピティを奨励したいのであれば、この文化を維持することが大切である。ボックス社では、社長や幹部をはじめ、だれも壁で仕切られた自分のオフィスをもっていない。みんなが自由に動きまわり、だれとでもすぐに話ができる環境をつくるためだ。じっさい、二年前の同社なら、総勢三〇人の社員が一カ所に集まることは簡単だった。しかし現在では七〇〇人が働く大所帯となり、当初の環境を維持することは容易ではない。

そこで、月に一度火曜日に、ボックス社では「出会って食べよう《ミート・アンド・イート》」と称する昼食会が開かれる。食堂にテーブルクロスをかけた八つのテーブルを用意する。そして、従業員の一人がどこかに座ったなら、それは知らない仲間との出会いを求めているという信号になる。だれかが同じテーブルに座れば、一度も話す機会のなかった相手と、楽しいおしゃべりがはじまるという仕組みである。この昼食会は、たんに従業員どうしの出会いを演出するだけではない。社内のいたるところで、さまざまな「異分子」と連携することの大切さを訴えているのである。

道に迷ったシリコンバレー?

「フレデリック・ターマンは、一つの目的をもっていたことを忘れてはならない」。スティーブ・ブランクはそう語る[13]。「彼は、冷戦を勝利に導く手助けをしたかったのだ」。ブランクは一例として、恩師のウィリアム・ペリーの話をもち出した。クリントン政権下で国防長官も務めた人物である。

「ペリーは、数学の博士号をもち、ステルス機の生みの親の一人ともされる。大学卒業後は防衛産業のシルベニア社で働いていたが、のちに仲間とともにエレクトロマグネチック・システムズ・ラボラトリ社（ＥＳＬ）を創業した」。ペリーが新たな企業を興したのは、金もうけのためではなく、冷戦において合衆国がソ連に勝つための支援をしたかったからである。「ソ連を打ち破る最良の方法は、すぐれた戦車を製造することではない、とペリーは考えた。もしも敵が戦車を盗んで同じものをつくれば、合衆国と互角になるからだ。そこで彼は、ソ連に勝つための最善の策は、相手を技術力でしのぐことだと結論づけた。つまり、すぐれた戦車の代わりにすぐれた半導体を製造することだ、と。半導体はいくらでも盗めるが、それをつくる技術力はソ連にはまだなかった」

今日、祖国のために新たな事業を興す起業家の姿を想像してみてほしい。じっさい、かつてのシリコンバレーの精神の根底には、そうした強い思いがあった。しかし冷戦後、シリコンバレーを牽引する旗印は、祖国の防衛から利益の追求へと移り変わってしまった。今日のエンジニアたちは、必ずしも崇高な目的のために働くのではなく、金持ちになることを夢見ている場合が多い。この価値観の変容によって、ターマンが熱心に築いた体制が崩されつつあるとブランクは考えている。

成長と革新の六〇年が過ぎ、シリコンバレーが資金を得る先は、もはや祖国の連邦政府ではなく、利益を第一とするベンチャー・キャピタル会社へと移行してしまった。

その地で働くエンジニアたちも、今日、祖国の敵を技術力で打ち負かそうとは考えない。彼らが目指すのは、競合他社を新規株式公開で打ち負かすことである。〝アラブの春〟ではフェイスブックやツイッターの政治的影響力が話題になったが、ソーシャル・メディア会社の創設時の意図がそこにあったわけではない。あれは意図せざる結果にすぎないのである。

シリコンバレーの強みの一つは、才能ある人材が企業間を自由に移動できることだった[14]。しかし二〇一〇年、大手ハイテク企業が相互に「引き抜き防止協定」を結んでいるとして、反トラスト法（独占禁止法）違反の疑いで司法省の調査が入るという事件が起きた。アップル、グーグル、インテル、ピクサー、アドビなどが関与していたという。「アップル社の人材は引き抜かない方針だ」と、グーグルのCEOはメールに記し、「アップルの社員はけっして勧誘しないし、その逆も禁じる」と、アドビのCEOはメールで誓約していたという証拠も出てきた。結局、今後は同様の協定を結ばないことを条件に、企業と司法省との和解が成立した。

すぐれた人材が自由に転職できなければ、シリコンバレーは硬直化する。有能なエンジニアも同地に魅力を感じなくなるだろう。革新に陰りが生じることも間違いない。

拝金主義の文化は、才能の買収合戦を招くばかりだ[15]。資金力のある大手企業が、小さな新生企業からすべての才能を吸いつくすなら、下からの革命はとだえるだろう。とはいえ、シリコンバレーの伝統的風土は変わりつつあるものの、その活力はいまだに健在である。世界の各地で、シリコンバレーを模したハイテク産業地帯の構築が綿密な計画のもとに進められている。しかし、本家ほどの成功は見られていない。シリコンバレーはだれかの至上命令によって創造された空間ではない。シリコンバレーを真に成り立たせている不可欠の要素は、まさに「余白」であり、「異分子」であり、「計画されたセレンディピティ」なのである。

第8章

カオスの五つのルール

THE FIVE RULES OF CHAOS

カオスの手綱をとるためのルール

その部屋にあるすべてのものが、象徴的な意味に満ちていた。歴史ある第二機甲騎兵連隊からもち帰ったという、南北戦争時代の軍旗も壁に飾られている。「私の最初の配属先だったのだ」。デンプシー大将は、ペンタゴンにある自分のオフィスを見せながら、誇らしげにそう言った。軍隊との仕事をはじめてすでに三年が経過し、私はアメリカの歴史と軍隊との深いかかわりに敬意を抱くようになっていた。壁には、「マーシャル・プラン」で知られるジョージ・マーシャル元帥の肖像画も見える。「統合参謀本部議長の職について以来、マーシャルがいかに多くの業績を残し、いかに多彩な分野で活躍したかを痛感している」。デンプシーは感慨をこめてそう言った。大将の大きな机も、もとはダグラス・マッカーサー元帥が使っていたものである。

広いオフィスにあるすべてのものが華々しく歴史を謳《うた》いあげる中で、小さな声がそっと語りかけてくるような気がした。色分けされたファイルや、家族の写真が整然と並ぶデンプシーの机の中央に、一つの木箱が置かれていた。最初に大将を訪ねた日に見た、あの

「思いを生かせ」と刻まれた木箱である。

それから三年、私は毎日のように小さな箱のことを考えていたように思う。その中で静かに眠る、デンプシーの指揮下で亡くなった多くの男女と、私も知りあいになったような気がしていた。軍隊との仕事をする過程で、彼らと同じように、ひたむきに任務を果たすたくさんの将兵とも出会った。自宅に招かれ、その家族たちとディナー・テーブルを囲んだこともある。彼らが軍隊に入り、祖国のために尽くす理由も少しずつわかりはじめてきた。

「昨今では――」。デンプシーが口を開いた。「国家と国民の関係も大きく変わってきた。政治は以前ほどの力をもたない。社会はますます制御しにくくなり、カオスの度合いを高めているように思う」

軍隊のトップであれ企業の社長であれ、混沌たる状況に直面したとき、まっ先に思うのは、可及的すみやかに秩序をとりもどすことだろう。私たちは日常からカオスを排除しようと躍起になっている。たとえば、あなたが指揮する部門の効率が落ちてきたなら、たぶん、より厳しい管理体制を導入し、より多くのチェック機能を設けることだろう。

中東の情勢から私たちの社会にいたるまで、世の中がカオスの度合いを高めているのならば、奇妙なパラドクスに行きあたる。混沌を排除しようとする過程には、肝心の革新性や創造性まで押しつぶしてしまう危険があるからだ。

私は、組織や意思決定過程にカオスを導入することを提唱してきた。軍隊とともに仕事をしたのも、まさにそのためだ。とはいえ、やみくもに大きな混沌を招来することは避けるべきである。私たちが長い旅路で学んできた真理は、カオスの導入にはたしかに混乱がともなうものの、その手綱を上手にとるためのルールがあるということだ。これから紹介する「五つのルール」は、軍隊のような数百万規模の組織を変革しようとしているのであれ、新興企業に変化をもたらそうとしているのであれ、学校のシステムを変えようとしているのであれ、さまざまな分野と規模の組織に応用ができる。

あなたも、ぜひ試してみてほしい！

ルール1――数字の誘惑に負けるな

「もしも数字で見るならば――」。スティーブ・ロトコフは、あるとき話してくれた。「合衆国は、簡単にイラクを制圧できるはずだった」

しかし、現実はまったくそうではなかった。軍隊は分析を誤ったのだろうか？

「いや、数字が不正確だったのではない。数字では測れない問題を数字で解決しようとしてしまっただけのことだ」。よくある出来事だとして、ロトコフは説明をつづけた。「上層部は、山ほどある重要な問題について、イエスかノーかを短時間で決めなくてはならない。そのために、データ分析の能力を高める訓練まで受けている。しかし、正確な決断を下すには、数字のデータだけではなく、状況についての適切な説明も必要だろう。厄介なのは、データは一目でわかるが、説明には時間がかかるということだ」。だから、どれほど重要な要素であれ、数字で表せなければ無視されてしまいやすい。その結果は想像にかたくないだろう。

私は数年間の経験で、軍隊のこんな格言にも、多くの真実がこめられていると思い知った。「計測できないものは、存在しないのも同然」。そんな一例として、私が陸軍のある学校で進めていた研修が思い出される。

この研修では、参加者が海外での戦闘や戦死した兵士に関するエピソードを紹介し、組織内に「カオス」をもちこめば、よりすぐれた指導がおこなえるのではないか、といったテーマで討議をおこなった。どうすればより多くの声に耳を傾けられるか、日常に「余白」をつくり出すにはどうすればいいのか、どうしたら異なる部署とも緊密に連携できるか、といった内容である。

おかげさまで、プログラムにたいする参加者たちの評価はすこぶる好意的だった。ある士官は、全員が「輪」になって思いを語りあった討議について、アンケートにこう記している。「軍隊で一二年間に受けたどんな研修よりも、雰囲気が和やかだったし、学ぶことが多かった」。また、別の士官はこう書いている。「自分を見つめなおすために、最高の機会を提供してもらった」。さらに、こんなコメントをつづった参加者もいる。「夫としての自分、父親としての自分、そして真の自分にたいする見方が変わった。この経験を今後も生かしていきたいと思う」

研修の数カ月後におこなったアンケートでも、自分が変わったと思える実例や、研修で学んだことを実践して好結果を得られた実例を、大半の参加者がきちんと明示できた。しかし、そんな〝状況証拠〟だけでは軍にとって不十分だった。そもそも、参加者がよりすぐれた指導者となり、より革新的な発案者となったことを、本人たちの話をもとに具体的な数字で評価することなど簡単ではない。

けれども軍隊は、私のプログラムが参加者にあたえた影響の度合いを、正確に測定することを強く望んだ。切実な姿勢とはいえ、その後に起こった出来事はじつに滑稽である。研修の数カ月後、士官たちはまた別の学校でのプログラムに参加した。そのとき学校側は、彼らの討論の場に一人の〝審査員〟を送りこんできた。

この人物は、なんと士官たちの挙手の回数を丹念に数えはじめた。そして、研修をまだ受けていない士官たちの回数と比較したのである！　その場にいた士官は、みな戦場で部隊を率いてきた優秀な男女ばかりだ。それなのに、研修を通じて高められた指導力と熱意と適応力を、各人の挙手の回数で正確に測定できると、軍はまじめに信じていたのである。だが、この研修成果の測定方法はきわめて不正確だ。ある士官は、苦笑とともに頭を振りながらこう語ってくれた。「私がプログラムで真に学んだのは、むしろ自分が手を挙げて語りまくるよりも、しばし口を閉ざすことによって、人の話に耳を傾ける『余白』をみずからの内につくり出す姿勢の大切さだ」

さらに、顔をしかめながらこう述べる。「私たちが軍隊にカオスをもちこんだ成果を、挙手した回数で測ろうというのなら、軍は肘かけを買ったほうがいい。そうすれば一日中でも手を挙げていられる」

管理された組織では、とかく「挙手」に類する測定を導入したくなるものだ。ところが、成果を数字で評価することは、むしろカオスのもたらす微妙な効果を見えなくしてしまう。デフォルト・モード・ネットワークが、一日平均三・八回のひらめきを生み出すようになった、などと主張することが本来の目的ではないはずだ。組織に「カオス」を導入するときは、そこから生まれる成果は数字では測定しにくいことを、しっかりと心得るべきである。

ルール2——制御《コントロール》されたカオスであれ

カリフォルニア大学バークリー校のコート・ワージントン教授は、私たちの研修で何度か討論の運営を手伝ってくれた。彼はこう語っている。「士官たちの討議の〝輪〟の中にいると、まるで急な坂道を下るトラックを運転しているような気分になる」

「しかも、曲がりくねって凍結した山道だ！」と、私がつけ加えた。

「ああ、ブレーキの効きも悪い」と、教授は笑う。

「ハンドルも思うようには切れない！」

じっさい、「カオス」を導入した状況の舵とりはとても難しい。行く先になにが待ちうけ、どこにたどり着くかもわからない。すべてを制御したがる人間には、おそらく大きな試練となるだろう。だから、かつてバークリー校の生化学研究室で、キャリー・マリスと彼の巻き起こす大騒動を前に、ジョー・ニーランズ教授が示した「忍耐」には、まさに頭が下がる。とはいえ、ものごとにはつねに表と裏の二面性があるものだ。忘れてならないのは、大学というきわめて整然とした環境と、研究室に支給される予算という確実な後ろ盾があったからこそ、マリスはのびのびと自由な活動ができたという事実である。ニーランズ教授も、表裏二つの役割を同時に果たしていたといえるだろう。カオスは積極的に導入するものの、その手綱はしっかりと握っていた。マリスに好きな研究はさせても、歩むべき進路は誤らないよう導いていたのである。もちろん教授は、マリスが才能に満ちた「異分子」だと見抜いていたから大きな自由をあたえていたのだ。けっして研究室のドアを開け放ち、廊下を歩くすべての学生を迎え入れたわけではない。

任天堂の山内溥社長も、画期的ななにかを創造するために、非凡な宮本茂に大きな自由をあたえていた。しかし、整然と機能する社内の組織がなかったならば、『ドンキーコング』はけっして現実のものにはならなかったはずである。企業内に、小さな「カオスのポケット」を創造することは大切だ。けれども同時に、それ以外の組織の各部は、つねに整然と機能していなくてはならないのである。

スタンフォード大学ビジネススクールも、「セレンディピティ」を重視している。とはいえ、学生たちの将来をすっかり運にゆだねているわけではない。日々の厳しい指導を見れば、それは明らかだろう。セレンディピティは、人間の側で準備できる条件をすべて抜かりなく整えた環境でこそ、不意に起こるものである。

軍隊の場合も、もちろん例外ではない。軍隊に規律がなければ、制御されたカオスをもちこんでも成功しなかっただろう。デンプシーはこう語っている。「軍隊は階級組織だ。しかしじっさいの戦闘では秩序は失われ、混沌とした状態になる」

デンプシーと最後に話をしたのは、二〇一三年の初めだった。ちょうど予算制限法により国防予算が削られることになるのかどうかが話題になっていたころだ。「正直に言って、予算の見とおしがたたないと、カオスをもちこむことがどうしても難しくなる。企業経営者にしてもそれは変わらないと思う。私たちは、たとえ見とおしが立たなくても、カオスをもちこもうとしていたはずだ。それなのに、(カオスを持ちこんで)変化を起こそうとするには、確実な見とおしが必要なんだから、おかしな話だよ」

つまり、最初の二つのルールの間には矛盾がある。指導者は、見とおしが不正確・不確実でも、それを受け入れなければならない。それでいながら、カオスのまわりには安定した確実な環境を維持しなければならない。

ルール3――「余白」を生産的に活用せよ

以下では、「余白」を創造し、維持し、活用するために、四つの具体的な方法を紹介する。

❶「余白」は賢く使え

「余白」は、ある問題にすでに十分な精神的エネルギーを費やし、しかも目標が明確である場合に、真の力を発揮することを忘れてはならない。たとえばフランク・ゲーリーは、摩天楼の問題と何カ月も取り組み、目標も明確だった。目標は、設計するビルに「動き」

を加味することである。

士官たちの研修が生産的だったのも、同じ理由からだろう。士官は、有能かつ勤勉でなければならない。そのためプログラムに参加する以前から、すでに何年にもわたって多くの問題を考えつづけてきた。そこには、軍隊の適応力を増強するという明確な目標があった。そこに私が「余白」を提供したことで、士官たちの無数の経験を結合・総合する時間が生まれた。

怠け者は、毎日ぼんやりと白昼夢にふけっていても、画期的なひらめきを得ることはまずない。大きな問題と長期にわたって格闘してきたわけではないし、明確な目標もないからである。一方、締め切りを目前にして働きづめの人は、ちょっと休憩をはさむのが得策だ。ぼんやりしたり、まる一日休みをとって考えごとをしたりするのもいいだろう。

問題の解決に行きづまったときには、あえて散歩をしたり空想にふけったりすることをおすすめする。プロジェクトに休みなく取り組んでいるようなときにも、一休みする時間と空間を確保することが大切だ。

❷ 必要な「余白」の量を考えよ

組織は、みずからの構成員にどの程度の「余白」を提供すべきなのだろうか？　残念ながらこの問いにたいする明確な答えはない。

そこで、職場の仲間に率直に訊いてみるのが近道だ。「組織の中で、みんなが自由にアイディアを出しあえるような機会をどの程度ほしいか？　毎日、週に一度、月に一度……？」

士官たちにもこの質問をぶつけてみたが、驚くことに彼らは組織にあまり「余白」を期待していないようである。

❸ 動け！

ソファにのんびりと腰を下ろし、ぼんやりと宙を眺めているとき、デフォルト・モード・ネットワークは活性化する。しかし同時に、体を動かしたときにも似たような効果が得られる。とりわけ、神経を集中する必要のない運動がいい。たとえば、ランニング・マシンの上で走ったり、ルーム・サイクルをこいだり……。

イギリスのリーズ大学のジム・マケナ教授は、運動が仕事におよぼす影響を調査した。

その結果、運動をした日には、被験者の六五パーセントが生産性・人間関係・時間管理において、顕著な改善を見せたのである。

4 「小さな余白《マイクロ・ホワイト・スペース》」を創造すべし

第2章でも紹介したリーサ・キンブルが、ミーティングの席で「余白」をつくり出すために、とても有効なテクニックを教えてくれた。参加者の数や会議時間の長さなどとは関係なく使える方法である。

私たちの大半は、だれもが活発に語りあうのがいいミーティングだと考えがちだろう。会議室に沈黙が訪れることを、みんなはどこかで恐れている。だから、参加者たちに向かってなにかの問いを投げかけたときも、一〜二秒待っただけですぐにだれかを指名したりする。

しかしリーサは、なにか質問をしたあと、参加者の頭の中でアイディアがしっかりとかたちになるよう、もう少し長く待つことにしている。声には出さず、ゆっくりと二〇まで数えるという。リーサは説明する。「その間は、だれの目も見ないようにしています。相手にプレッシャーをかけることになりますから。代わりに、自分の靴を見るようにしています」。驚くことに、この方法でいいアイディアがたくさん出てくるのである。「うそのようですが、私が一八か一九まで数えたところで、だれかが意見を口にするということが頻繁に起こります」

同じように、こんなテクニックも試してみてほしい。話しあいをはじめる前に、その日のテーマについて、全員に一分間ほど黙って考えてもらうのである。そうすることで、思いがけないアイディアが出てくる。一分が経過する前に、だれかが発言をするということもよく起きる。私は、いつでも会議の冒頭でこう宣言している。「少し気づまりかもしれないが、一分間、みんなで黙って考えよう」。ある参加者は、こんなことを言っていた。「会議の席で、じっさいに口に出して言う前に、こんなにじっくりと考えを練りあげたのははじめてだ。六〇秒の効果は大きい！」

ルール4――「異分子」を迎え入れよ

デンプシーは、最後に話をしたときにこう言った。「長い時間をかけてようやくわかったことがある。意識して学ぼうとしなければ、前進できないばかりか、後退してしまうということだ」。デンプシーが気づいたことは、今日の組織にも当てはまる。

だれかを組織の一員にするとき、私たちは自分とどこか似ている相手を歓迎しやすい。兄のロムとの共著『Click（クリック）』の中でも説いたように、同じ名前や誕生日といった無意味なものであれ、共通のなにかをもった人を、私たちは好み、信用し、支援する傾向がある。

考え方、価値観、関心、行動様式、文化的背景……と、人と人とが心理的に共有する要素はじつに多い。だからこそ、自分とは違うなにかをもつ「異分子」は、意図して迎え入れる必要がある。その過程で、次の三つの点について自問してみてほしい。

❶ その人は本当に「異分子」か？

たとえば、その人が年齢や人種的・宗教的背景において異なっていたとしても、必ずしも「異分子」とはいえない。なにかの問題に取り組むときに相手があなたとまったく同じアプローチに訴えるなら、けっして異分子とは呼べないからだ。

また、異分子かどうかは状況によっても変わる。ネイト・シルバーは、政治の世論調査の世界では異分子だったが、スポーツの統計予測の世界では異分子ではなかった。一つのコツは、こんな自問をしてみることである。「この人は、ふつうならば絶対に接触するはずのない相手だろうか?」。ただし、この質問の結果、まったくふさわしくない人間を招き寄せてしまうおそれもある。そんなときは、次の質問をしてみよう。

❷「異分子」か「奇人」か?

ウィリアム・マイナーは、もともとは外科医だったが、後半生は文人として過ごした。彼のもとには本の荷物が頻繁に届き、小さな読書室で丹念に読みながら、作品の中で出会ったさまざまな言葉と用例を、詳細な索引にまとめるのが密《ひそ》かな楽しみだった。

一九世紀後半、世界最大の英語辞典であるオックスフォード英語辞典(OED)は、単語ごとに文学や戯曲からの用例を掲載するという、きわめて野心的な試みに取り組みはじめた。編集者たちは広く読書家の協力を要請し、マイナーはそれに応えたのである。

マイナーにあたえられた最初の単語は、「art」だった。彼はみずからの索引にあたり、一五〇〇年代の作品からすぐに用例を見つけ出した。安い報酬で過酷な作業を担っていた英語学者たちにとって、マイナーはまさに天の恵みだった。問題に突きあたるたびに、彼らはこの読書家に助けを求めた。マイナーが提供した用例の数は、外部の協力者としては最多の一万二〇〇〇にもおよんだのである。

しかし、ここで知っておくべき事実が一つある。ウィリアム・マイナーの小さな読書室が置かれていた場所は、ほかならぬブロードムア精神病院の二号棟だった。マイナーは冷酷にも丸腰の男を殺してしまい、この施設に収監されていたのである。心的外傷後ストレス障害（PTSD）に悩まされていたのではないかという者もいれば、統合失調症の兆候を示していたという者もいる。

たしかに、オックスフォード英語辞典はマイナーの貢献で大きな収穫を得た。しかし、彼の隣に机を並べて仕事したいと願う人は少ないだろう。組織の中に「異分子」（とおぼしき人物）を招き入れる際には、ぜひこんな自問をしてみてほしい。「この人は、ほかのメンバーと上手にやっていけるだろうか？　それとも、仲間を大混乱に陥れるだろうか？　この人は、上からの指示や管理に耐えられるだろうか？　それとも、階層組織にはまったく不向きだろうか？」。また、こんな問いかけもしてみよう。「この人は、ふつうならば絶対に避けたい相手だろうか？」

❸ 組織内の「異分子」を忘れていないか?

はじめに、リーサ・キンブルが病院で導入している、雑多な人びとからなる「ごたまぜ集団」を思い出してほしい。たとえば、ミーティングの席上、だれかが「連中は……」とか「あの人たちときたら……」とか口にした場合、彼女はすぐにも会話をそこで止める。言葉づかいを戒めるためではなく、組織内の隠れた「異分子」を発見するためである。

リーサはこう説明する。「ミーティングで、ほかの部署のだれかの話題が出たなら、本来、その人は話しあいの輪の中にいるべき人物です」。会話を中断したあと、リーサはすぐにその人と連絡をとり、次回の会合に参加してもらうか、グループ全員で相手のオフィスを訪ねるかしている。

ミーティングの場にはいないのに、だれかのことが話題に上るのは、その人がグループにとって無視できない「異分子」であるという証拠だろう(少なくともこのグループの中では、ふだんはつきあいのない人ということになる)。新たな人材を、異なる部署や分野から、また同じ組織内の異なる階層から、話しあいの席に招くことは、セレンディピティの扉を開くための鍵となるのである。

ルール5――セレンディピティを呼びこめ

「計画されたセレンディピティ」というのは、たしかに少し漠然とした概念かもしれない。しかし、それを実現するのはけっして難しくない。多彩な人びとが自由に触れあえる機会を積極的につくり出せばいいのである。運を頼りに待ちつづける必要はいっさいない。

たとえばオランダ政府は、官僚主義を排して各省庁の職員間の連携を促すために、「DEELSTOEL」と呼ばれる新たなスペースを開設した。それぞれの政府機関の建物の中に、ほかの機関の職員も自由に使える空間――オランダ語で「共通席」を意味する空間――をとり入れたのである。そこを使用したい職員やグループは、インターネットで予約を入れるだけでいい。

職員は、さまざまな目的でこのスペースを利用している。毎日一〇〇キロメートル近い距離を車で通勤するのをやめ、自宅から数分のこのスペースで仕事をしている人もいる。曜日ごとに働く場所を変え、市内のスペースを転々としている人もいる。その結果、このスペースは、ふだんなら出会うチャンスのない職員どうしが遭遇し、たがいの専門知識と意見を交換できる場となっている。そこから思いがけないアイディアが誕生することは、政府にとっても大きなメリットなのである。

組織がこうしてセレンディピティを促す意義は、いくら強調しても足りないだろう。その過程で、閉ざされていた門戸が開かれ、新たな情報とアイディアの交流が進み、人びとの間に画期的な化学反応が起こり、想像もしなかった成果が生み出されるのである。

最近、デンプシー大将のオフィスを訪ねた際、軍隊にカオスをとり入れる決断を下したことについて、本人の感想を訊いてみた。過去数年間、軍曹から大将にいたるまで、私のプログラムには数百人の軍人が参加している。研修ははたして有益だったのだろうか？数秒間、黙って思いをめぐらせたあと、デンプシーはこう答えた。「決断は間違っていなかったと思う。軍を率いる者たちがカオスを前にどんな反応を示すかは重要だ。絶え間なく変化しつづける現代の世界にわれわれがいかに適切に対応できるかに直結するからだ」

まさにそのとおりだろう。

私たちが現在立っている地盤は、たえず変化している。それは政府で働いていても、シリコンバレーの最先端企業で働いていても同じである。エネルギー産業であれサービス産業であれ、その点に変わりはない。組織も個人も、より俊敏に、より柔軟に、より革新的に生きていくために、また生き残るために、「カオス」を受け入れ、さらには招き、そして生かすことが不可欠なのである。

解説

早稲田大学ビジネススクール教授　入山章栄

今、日本のビジネスパーソンや経営者のあいだで最も関心が高いキーワードの一つは間違いなく「イノベーション」でしょう。イノベーションというと堅苦しく聞こえますが、その源泉は人間の生み出す「ひらめき」に過ぎません。では人はどうすれば「ひらめき」を効果的に生み出せるのでしょうか。

本書『ひらめきはカオスから生まれる』は、「ひらめき」を組織的に生み出すためには、「カオス」が効果的な役割を果たすと説く、ユニークな、とても示唆に富む本です。

「カオス」ときくと、詳しい方の中には、先端科学の複雑系にも影響する「カオス理論」を想起する方もいらっしゃるかもしれません。しかし本書でいうカオスとは、我々の直感に近い、「ものごとが制御できない状態」と単純に理解してもよいと思います。

偶然の産物のように思われる「ひらめき」ですが、実はカオスによって意図的につくりだせる、というのがこの本の主張です。もちろん、優れたひらめきを生み出すのは極端に難しいものです。社会・企業・組織を一変させるような「ひらめき」は、おそらく百万分の一ぐらいの確率でしか生まれないはずです。しかし、カオスを引き起こせば、その確率を一万分の一、あるいはもしかしたら千分の一ぐらいまで引き上げることができる、ということなのです。

ではは組織にどうやってカオスを導入すればいいのでしょうか。著者であるオリ・ブラフマンとジューダ・ポラックは、カオスからひらめきが生まれるさまざまな事例や研究を紹介し、その確率を高める方法をまとめています。そこでは三つのキーワード、すなわち「余白」「異分子」「計画されたセレンディピティ」が重要になります。

「余白」とは、組織や個人の時間的・思考的な余裕と考えればよいと思います。詳しい説明は本書にゆずりますが、ひらめきを生むために決定的に重要なのが、思考の余白である、ということです。たとえば本書では、日本の小学生はアメリカの小学生よりも学力が高いという事実を引き合いに出し、それは日本では授業と授業のあいだに一定の休み時間があり、それがあえて勉強のことをなにも考えない「余白」を子供の脳に作り出し、それが翻って彼らの学力向上に寄与しているのではないか、という研究を紹介しています。

次に「異分子」とは、本来であれば組織にいないような異質な人材のことです。実際、そのような「引っかき回し役」によってイノベーションが生まれた例は実社会でも枚挙にいとまがありません。たとえば本書でも紹介されている、任天堂で『マリオブラザーズ』などの大ヒット作を連発した宮本茂氏は、それまでエンジニアが多かった当時の同社の中で、美術系の大学を卒業した異質の人材でした。

最後に、「計画されたセレンディピティ」とは、「余白」や「異分子」から生み出されたカオスの方向性をある程度コントロールすることで、ひらめきが生まれる確率を高めることを指します。本書では、そのためのノウハウがいくつも紹介されています。

この本の優れた点は大きく分けて二つある、と私は考えています。第一に、紹介している事例が非常に幅広く、それによって主張の説得性が高まるだけでなく、最後まで読む側の好奇心を引きつけることに成功しています。シリコンバレーで活躍するベンチャー企業や、任天堂といった企業の例だけでなく、アインシュタインが相対性理論を導いた経緯、院内感染のリスクを減らしたい病院、ペストが猛威をふるった中世のヨーロッパなど、実にさまざまな事例が登場します。どのエピソードもとてもおもしろく、一気に読めてしまうでしょう。

中でも本書の柱になっているのは、著者自身がおこなったアメリカ軍へのコンサルティングの事例です。軍隊では、トップが下した命令が末端まで届き、間違いなくそれが実行されることがなによりも求められます。すなわち「カオス」から最もかけ離れた組織の一つといえます。他方でこのような組織は閉塞感を生みがちであり、その閉塞感を改革するために著者が軍隊にカオスをとりこもうとする取り組みは、とても読みごたえがあります。

本書の第二の優れた点は、少し紙幅を割いて解説したいと思います。それは、本書で著者が主張している点や事例が、現在の「イノベーション」を研究する経営学者の主張とも重なる部分が多くある一方で、一部で既存の経営学の知見を超えた、斬新で、それでいてきわめて有用な視点をもたらしていることです。

私は経営学者を生業としており、経営学で研究者たちが企業イノベーションを理解するためにどのような研究をおこなっているのかを、ある程度は知っているつもりです。その私からみると、先ほど紹介した本書の三つのキーワードは、どれも経営学においても似たような概念があって研究されているといえます。ところが本書では、その経営学の理論を超えた新しい視点もいたるところに見られ、しかもそれが豊富な事例をもとに説得力を持って語られています。コンサルタントによって書かれた本書ですが、学者からみても興味深く有用な視点を提供しているといえるのです。

たとえば、「余白」の重要性は、経営学における「知の探索」という概念と非常に親和性が高いといえます（この概念は、拙著『世界の経営学者はいま何を考えているのか』（英治出版）にて解説してあります）。実際の事例としても、本書で紹介されている以外にもたとえば3Mの「一五％ルール」や、グーグルの「二〇％ルール」のように、創造的といわれる企業が社員の勤務時間の一部を本業とは関係のない仕事や研究にあてる（＝余白を作る）ことを推奨している例はよく引き合いに出されます。

他方で本書が興味深いのは、この「余白」に関して神経科学（脳科学）の理論を応用した説明を加えていることです。著者によると、脳がリラックスして、その中に「余白」が生まれることで、新たなひらめきを得るということが脳科学的に説明できることが明らかにされています。その代表的な例として、アインシュタインが眠りにつこうとベッドに横たわった瞬間に、特殊相対性理論の概要を思いついたことが紹介されています。

実は、経営学のお隣の学問領域である経済学では、「神経経済学」という分野が発展しつつあり、そこでは脳科学の考えを応用することで人間の経済行動を分析しようとしています。他方で経営学では、まだこのような研究は進んでいません。（私は神経経済学についての知識は乏しいですが、おそらくこの分野でも「余白→ひらめき」の関係について十分な研究はないのではないでしょうか。）すなわち本書は、既存の経営学の先を行っているのです。

実際、リラックスしたときの方がよい「ひらめき」が生まれるというのは、多くのみなさんが経験していることではないでしょうか。私もアメリカの大学で研究していたころ、研究室でさんざん考えてわからなかったことが、帰り道でなにも考えずに車を運転しているときにひらめくということがよくありました。そのため、すぐひらめきを紙に書けるようメモ帳をかたわらに置いて運転するようになったものです。

「異分子」はどうでしょうか。組織において多様性が大切であるということは、以前から経営学でもいわれてきました。同じようなバックグラウンドをもつ社員ばかりの組織では、似たような案しかでてこないからです。本書では、アメリカのIT企業シスコシステムズが、さまざまな部署で社員に経験を積ませる「横移動」の例を紹介していますが、同じように組織内の知識を「横展開」する試みは、たとえばGE（ゼネラル・エレクトリック）でかつてのジャック・ウェルチ会長が取り組んだ「バウンダリーレス・ビヘイビア（境界のない活動）」など、多くあります。

他方で、本書はさらに一歩踏み込んで、「極端に変わった人材」を組織に入れることを提案しています。本書によると、カリフォルニア大学バークリー校の生化学研究室にいたキャリー・マリスは、裸でサーフィンを楽しみ、研究室でLSDの合成を試みるなどの変わり者でしたが、後にDNAの画期的な増幅法を発見し、ノーベル賞を受賞しました。また、コンサルタントである著者が組織の硬直化に悩むアメリカ軍に研修プログラムを導入していくエピソードを読めば、実は彼自身が軍隊の中の「異分子」として組織を引っかき回していくさまがわかります。これらの例は、「極端に変わったものを受け入れる」ことの重要性を示唆している意味で、従来の経営学で重視されてきた単純な「多様性」を超えた視点と言えます。

最後に、「計画されたセレンディピティ」はどうでしょうか。これまで申し上げてきたように、経営学のイノベーション研究では、人材の多様性が「知の組み合わせ」を増やし、価値のあるアイディアを生みだすことがわかってきています。しかし本書ではさらに進んで、このひらめきを生み出す確率を高めるために、「計画されたセレンディピティが重要である」と説き、さまざまな実践的なノウハウを提示しています。

たとえば本書によると、パーティでは、ただセレンディピティ（偶然）が起きるのを運に任せるのではなく、その集まりの目的をあらかじめ定め、内向的な人ばかりをメンバーにするのではなく外交的な人も混ぜる、といった工夫をすることの重要性が説かれています。さらに、「会議ではむしろ『沈黙』を推奨せよ」という話は私自身、目からウロコでした。実際私たちの多くは、意見が活発に交わされるのがよい会議だと思いこみがちです。中には、会議での沈黙を恐れて、あえて気をつかって発言する人もいます。そうなると、その場では活気が出るかもしれませんが、議論している問題についてそれぞれのメンバーがじっくり考える「余白」が生まれません。会議の冒頭で「一分間だけ、声をださずにじっくり考えてみよう」と提案することで、それまでとは違ったアイディアが出てくるというのはとても実践的で、非常に興味深いことだと思います。

さらに、本書で提示される「計画されたセレンディピティ」のさまざまなノウハウを読み解いていくと、明示的には語られていない二つの重要な要素に気づきます。それは、「リーダーシップ」の重要性と、「インフォーマリティ（非公式さ）」の重要性です。

たとえば、任天堂の宮本茂氏が活躍できたのは、当時の山内溥社長が彼を受け入れ、その活動する場（スペース）を用意したからです。また、前述のキャリー・マリスが生化学の分野で功績を残せたのも、研究室のボスであったジョー・ニーランズ教授が彼を擁護し、ほかの教授からの反対を押しのけて研究をつづけさせたからにほかなりません。本書で紹介されるこれらの事例は、「計画されたセレンディピティ」というのは、トップに許容性がないとうまく機能しないことを示唆しているといえます。

また、シリコンバレーは、多くの起業家によって次々と新しいビジネスが生み出されることで注目されていますが、「インフォーマルな人脈」がそこで果たしている役割はかなり大きいといえます。本書で指摘されているように、たとえば、自分たちの子供どうしの仲がよかったがために知り合いになり、ビジネス上のアドバイスをもらえたといった話は、シリコンバレーではよく聞かれるところです。

このようなインフォーマリティは、今後ますます重要になっていくでしょう。インフォーマルな関係というのは、会っていてリラックスできるので、議論に「余白」をつくり、よい「ひらめき」がでてくる側面もあるかもしれません。さらに、フォーマルな情報というのはいまやインターネット上にあふれていますから、人と人とが会って交換されるインフォーマルな情報の価値が高まることもありえるでしょう。

『イノベーションのジレンマ』（翔泳社）で有名なクレイトン・クリステンセン教授が数年前に発表した論文では、イノベーティブな起業家数十人におこなったインタビューを通じて、イノベーティブな事業を起こせる人は、「ネットワーキング力」に長けていることを明らかにしています。そういった人たちは、なにか問題が起きたときに、その解決方法を自分で考えるのではなく、そのかわりに、「だれに聞けば有用なヒントがもらえるか」をまず考えるのだそうです。こういったことを踏まえると、インフォーマルなつき合いが生みだせるような組織の構造にしたり、インフォーマルな人脈が広がる場をもうけたりすることの重要性がわかります。

最後に、日本の読者が本書を読み解く上でヒントになるのではないか、と私が考えている点を提起させてください。それは、著者もはっきりとは書いていないのですが、本書の裏のメッセージは、実は「ひらめきを生み出すためには、組織に大きな変革を施さなくてもよい」ということではないでしょうか。

「日本企業にはイノベーションが足りない」とよく言われる昨今、経営者もビジネスパーソンも、なにか「大きな変化」を組織や社会に加えなくてはならない、と考えがちです。しかし、カオスというのはそもそも小さな変化から大きな効果を生みだすものです。

本書の中には、抗生物質の効かないMRSA（メチシリン耐性黄色ブドウ球菌）の院内感染で悩んでいた病院が登場します。その病院で感染率を劇的に改善できた方法とは、さまざまな職種のメンバーを呼んで会議をおこなったことだけです。用務員のなにげない一言が、問題をあっさり解決した例には驚きます。これこそが、カオスが組織にとって「妙薬」と著者が主張する理由でしょう。さらに、中世ヨーロッパで人口が半減したペストの猛威の例も、はじめはわずか一匹のネズミの背に乗っかったノミがもたらしたものです。結果的にそれが欧州全土にルネッサンス革命をもたらした、ということになるのです。

「組織の閉塞感を打破するために大胆な行動をしなければ」と考える経営者やビジネスパーソンは多いはずです。しかし、組織や社会を一変させるような「ひらめき」は、じつは小さなことから生まれることが多い、というのが本書の裏のメッセージであると私は読みとります。本書で紹介されているいくつかの「小さな変化」は、今日からでも、思いついたらすぐ始めることができます。私自身もさっそく今日から、「会議では最初に一分間の沈黙を」を実践してみようと思います。

謝辞

オリ・ブラフマン：

カオスについての本ならば、その執筆もあまり杓子《しやくし》定規なスタイルに縛られる必要はないだろう。私は本書を夜ふけの陸軍基地でつづり、またサンフランシスコのあちこちのカフェや、ニューヨークのホテルの部屋、そしてシークレット・サービスのオフィスでも書き進めた。そんな長い旅路を支えてくれた多くの人びとに、最後に感謝の念を捧げたい。

共著者のジューダ・ポラックは、執筆のあらゆる面で、終始変わらぬすばらしいパートナーを務めてくれた。彼の尽きせぬ好奇心と、ひたむきな情熱と、豊かな創造力のおかげで、本書はじつに多くのアイディアを得ることができた。兄のロム・ブラフマンは、筆を進める日々が過度のカオスに陥らないよう、いつもどおり見守ってくれた。協力と献身を惜しまない、望みうる最高の兄である。ケリー・マクビカーは、執筆から編集にいたるまで、ここぞというときに私を励まし、元気づけ、魔法をかけてくれる無類の助っ人だった。スティーブ・ロトコフ大佐は、ともに研修プログラムの作成と実施にかかわり、軍隊についての貴重な知見も提供してくれた。彼のような友人を得られたことに、心から感謝している。巻頭で献辞を捧げたヒラリー・ロバーツは、一本の赤ペンの力で、本書に磨きをかけ、立派な一冊に仕上げてくれた。執筆の各段階で原稿に丹念に目を通してくれたアリソン・ロバーツ、ヘザー・ガンサー、ローリ・マシソンにもお礼を述べたい。

マーチン・デンプシー大将と知りあえたことは、大きな幸運だった。彼の発揮するすぐれた指導力は、かつて反体制文化が吹き荒れたカリフォルニア大学バークリー校で青春を過ごした私のような人間にも、軍隊にたいする信頼を新たにさせてくれた。研修の責任者を務めたデーブ・ホーラン大佐は、信頼できる指導者として、多くの有用なアドバイスを提供してくれた。マクシー・マクファーランドとグレッグ・フォントノットは、研修の実現に協力を惜しまなかった功労者である。私たちのプログラムに参加してくれた多くの将兵、そして国家に献身するすべての兵士とその家族にたいしても、感謝の念は尽きない。

出版エージェントICM社のエスター・ニューバーグをはじめ、リズ・ファレル、カリ・スチュワート、ゾーイ・サンドラーは、私を支援してくれる強い味方である。彼女たちにまさるチームは想像できない。同様に、本書の出版元であるランダムハウス社の頼れる編集者、ロジャー・ショールとそのチームは、ともに働くことが大きな喜びとなる仲間たちだ。発行責任者のティーナ・コンスタブル、編集長のモーロ・ディプレタ、宣伝担当のタラ・ギルブライド、広報担当のエイレット・グルエンスペクト、編集のシンディ・バーマン、編集補佐のデリク・リード、本文デザインのソンギー・キム、そして表紙デザインのドルー・ディクソンといった面々である。

本書を執筆する間、家族や友人たちからの支援にも大いに元気づけられた。チラ・ブラフマン、ヘイゲイ・ブラフマン、ニラ・チャイキン、ジョシン・ハース、ミーガン・ハチンソン、ジョン・ハチンソン、第2章で紹介したリーサ・キンブル、第3章に登場したコート・ワージントン、シスコシステムズのロン・リッチ、チップ・コルバート、ジェイソン・トマス、マット・ブレイディ、デニス・エグリ、エイミー・ポスピーチ、ディナ・キャプラン、ノア・ケイガン、マット・ミラー、ケイティ・ブラウン、デビッド・ブラット、コーリー・モデスト、アビバ・モヒルナー、ジェシカ・ラフリン、リズ・オドネル、サラ・オールセン、ジョシュ・ローゼンブラム、マーク・シュロスバーグ、マイケル・ブレイヤ、エイミー・シュースタ、ラチマン・ブレーク、ピート・シムズ、ルーディ・タン、パム・ウエッブ、ロイ・ウエッブ、キンバリー・ウイコフ、メラニー・イェルトン、バレット・ホーン、ロン・マーチンをはじめ、大勢の人たちに感謝する。みんなに出会えた私は、本当に幸せ者である。

ジューダ・ポラック：

最初に、共著者のオリ・ブラフマンに感謝する。私の専門分野に関心を寄せ、すばらしい旅路に誘《いざな》い、嵐のときも無風のときも巧みに船の舵をとった彼に、心からのお礼を述べたい。私を導いてくれた人びとにも感謝する——ローゼンバーグ、ベンジー、アイサ、コート、リーサ。また陰ながら私を導いてくれた人たちにも、ありがとうと言いたい——アラン、バレット、オリビア。セラとメグは、いつでも話を聞かせてくれる、才気に満ちた二人の女神といえる。ダーシ、ケイト、ダブ、マイケル、デバラーティ、ノア、ヒュー、そして父と母は、いつでも話を聞いてくれる、家族という名の心やさしき人びとである。最後にタラ、私を愛してくれてありがとう。

[4] Gregory Gomorov, "Silicon Valley History," netvalley.com, citing Frank Levinson, *A Tale of Lambs, Preschoolers, and Networking* (2001).
[5] Saxenian, *Regional Advantage.*
[6] "Bill Shockley: Part I," pbs.org, courtesy of the American Institute of Physics; Tom Wolfe, "Two Young Men Who Went West," *Hooking Up* (2000), 17-65; Gomorov.
[7] Arthur Rock, "Done Deals: Venture Capitalists Tell Their Story: Featured HBS Arthur Rock," Harvard Business School Working Knowledge series, www.hbswk.hbs.edu, December 4, 2000.
[8] Carolyn E. Tajnai, "Fred Terman, the Father of Silicon Valley," Stanford Computer Forum, May 1985, www.siliconvalley-usa.com/about/terman.html; スティーブ・ブランク教授とのインタビュー(2011年5月)。
[9] ブランク教授とのインタビュー。
[10] 2012年1月のエバン・ウィッテンバーグとのインタビューによる。
[11] Wolfe.
[12] ウィッテンバーグとのインタビュー。
[13] ブランク教授とのインタビュー。
[14] Dan Gilmor, "Collusion in Silicon Valley: How High Does It Go?" Salon.com, September 27, 2010.
[15] Dan Bobkoff, "Employee Shopping: Acqui-Hire Is the New Normal in Silicon Valley, All Tech Considered," NPR.org, September 24, 2012.

第 6 章　セレンディピティを促進する

［1］2012年9月26日のマリー・モオキニとのインタビューによる。
［2］2012年9月のアリソン・ラウズとのインタビューによる。
［3］2012年10月14日のロビン・スターバック・ファーマンファーメイアンとのインタビューによる。
［4］William D. Cohan, "Huffing and Puffing," *Vanity Fair,* February 2011.
［5］2012年10月2日のデバラティ・サンヤル教授（カリフォルニア大学バークリー校、近代フランス語学）とのインタビューによる。
［6］Anne-Marie O'Connor, "Reviving Salons as Hotbeds of New Ideas," *Los Angeles Times,* January 24, 2001.
［7］Giam Swiegers, "Talking Business: Giam Swiegers, CEO Deloitte Australia--RMIT University," YouTube, April 28, 2011.
［8］Lawrence W. Cheek, "In New Office Designs, Room to Roam and to Think," *New York Times,* March 17, 2012; John Tierney, "From Cubicles, Cry for Quiet Pierces Office Buzz," *New York Times,* May 19, 2012.
［9］Chris Smith, "Open City," *New York,* September 26, 2010.
［10］Anthony Ramirez, "Mimicking Bloomberg's Bullpen, with Extra Spice," *New York Times,* April 15, 2006.
［11］Christopher Swope, "Warming Up in the Bullpen," Governing, February 22, 2007, http://www.governing.com/blogs/view/Warming-Up-in-the.html.
［12］Michael Bloomberg, *Bloomberg by Bloomberg* (1997).［邦訳『メディア界に旋風を起こす男　ブルームバーグ』東洋経済新報社］

第 7 章　カオスとシリコンバレー

［1］Genentech, "Our Founders," gene.com; Leslie Pray, "Recombinant DNA Technology and Transgenic Animals," nature.com/scitable, 2008.
［2］DNAラーニングセンター(dnalc.org)のハーバート・ボイヤー教授とのインタビューによる。
［3］AnnaLee Saxenian, *Regional Advantage: Culture and Competition in Silicon Valley and Route 128* (1996); AnnaLee Saxenian, "Silicon Valley vs. Route 128," Inc., February 1, 1994.

[13] Peter Fransson and Guillaume Marrelec, "The Precuneus/Posterior Cingulate Cortex Plays a Pivotal Role in the Default Mode Network: Evidence from a Partial Correlation Network Analysis," *NeuroImage,* September 2008.
[14] Goldberger.
[15] Jackie Cooperman, "Frank Gehry: A Sit-Down with the Artist of Architecture," *Wall Street Journal,* April 2, 2011.
[16] Marcelle Auclair, *Saint Teresa of Avila* (1953).
[17] Charlene O'hanlon, "Gary Starkweather-Laser Printer Inventor," CRN News, November 13, 2002.
[18] Strathern.
[19] Overbye, 135.
[20] Stephen Levy, *In the Plex: How Google Thinks, Works, and Shapes Our Lives* (2011), 95-125.［邦訳『グーグル　ネット覇者の真実――追われる立場から追う立場へ』阪急コミュニケーションズ］
[21] J.K. Rowling, "Biography," *JKRowling.com.*

第 5 章　裸でサーフィン

[1] "PCR: Introduction," National Center for Biotechnology Information, NIH, www.ncbi.nim.nih.gov; "Polymerase Chain Reaciton (PCR)," YouTube, March 2010.
[2] Kary Mullis, "Nobel Lecture," December 8, 1993.
[3] David Sheff, *Game Over: How Nintendo Zapped an American Industry, Captured Your Dollars, and Enslaved Your Children* (1993), 3-56.
[4] 同上書、37ページから引用。
[5] Jervis Anderson, *This Was Harlem* (1981), 236, 240, 310; Marshall and Jean Stearns, *Jazz Dance* (1994), 110-11, 201-2; Ken Burns, *Jazz,* episodes 2 and 4, PBS, 2000.
[6] Anderson, 309-13; Stearns, 296, 317, 324, 328; Burns, *Jazz,* episodes 3-5.
[7] "Nicholas of Cusa," *Catholic Encyclopedia,* www.newadvent.org.
[8] 2010年9月から11月にかけてのロン・リッチとの一連のインタビューによる。
[9] スティーブ・ロトコフ、ケビン・ベンソン(Red Team University, UFMCS, U.S. Army)とのインタビュー。

［28］Overbye, 112.
［29］同上書、121ページ。
［30］同上書、124-40ページ； Peter Galison, *Einstein's Clocks, Poincaré's Maps* (2003), 14-26, 243-63.
［31］Overbye, 150.

第 4 章　ひらめきの神経科学

［1］ Paul Goldberger, "Gracious Living," *New Yorker,* March 7, 2011.
［2］ Paul Strathern, *Medeleyev's Dream: The Quest for the Elements* (2002).
［3］ Raichle; Michael D. Greicius, "Functional Connectivity in the Resting Brain: A Network Analysis of the Default Mode Hypothesis," *PNAS,* August 21, 2002, 253-58.
［4］ Greicius.
［5］ Raichle.
［6］ Greicius; Raichle.
［7］ Raichle.
［8］ Debra A. Gusnard, "Medial Prefrontal Cortex and Self-Referential Mental Activity: Relation to a Default Mode of Brain Function," *PNAS,* March 20, 2001.
［9］ John M. Pearson, "Neurons in Posterior Cingulate Cortex Signal Exploratory Decisions in a Dynamic Multioption Choice Task," *Current Biology,* September 2009; John M. Pearson, "Posterior Cingulate Cortex: Adapting Behavior to a Changing World," *Trends in Cognitive Sciences,* April 2011; Mandana Modirrousta and Lesley K. Fellows, "Dorsal Medial Prefrontal Cortex Plays a Necessary Role in Rapid Error Prediction in Humans," *Journal of Neuroscience,* December 17, 2008.
［10］Gusnard; Yvette L. Sheline, "The Default Mode Network and Self-Referential Processes in Depression," *PNAS,* December 2008; イベット・シェラインとのインタビュー, "Yvette Sheline on the Default Mode Network and Depression," YouTube, December 2010.
［11］Marcel Proust, *Remembrance of Things Past* (Wordsworth Editions, 2006).
［12］Pearson.

Person Assessment Report, 2003.
[12] U.S. Department of Education, *Federal Education Policy and the States,* 1945-2009, www.archives.nysed.gov/edpolicy/research/res_essay_bush_ghw_busn_achvmt.shtml.
[13] "No Child Left Behind," Education Week, updated September 19, 2011, www.edweek.org/ew/issues/no-child-left-behind;Brian Resnick, "The Mess of No Child Left Behind," Atlantic Monthly, December 16, 2011.
[14] Gordon Cawelti, "The Side Effects of NCLB," *Educational Leadership* 64, no.3 (2006): 64-68.
[15] "No Child Left Behind," *Education Week;* William J. Bennett, "U.S. Lag in Science, Math a Disaster in the Making," CNN.com, February 9, 2012, www.cnn.com/2012/02/09/opinion/bennett-stem-education.
[16] "Best Education in the World : Finland, South Korea Top Country Rankings, U.S. Rated Average," *Huffington Post,* November 27, 2012, http://www.huffingtonpost.com/2012/11/27/best-education-in-the-wor_n_2199795.html.
[17] Harry Wray, *Japanese and American Education: Attitudes and Practices* (1999), 255-59.
[18] Overbye, 91.
[19] Ken Burns, *Thomas Jefferson,* PBS, 2000
[20] Overbye, 91.
[21] Overbye, 109-12.
[22] Romina M. Barros, Ellen J. Silver, and Ruth E. K. Sten, "School Recess and Group Classroom Behavior," *Pediatrics,* February 1, 2009
[23] Anthony D. Pellegrini, "Preschool and Primary School Education: Give Children a Break," *Jakarta Post,* March 28, 2005.
[24] Anthony Pellegrini and Catherine Bohn, "The Role of Recess in Children's Cognitive Performance and School Adjustment," *Research News and Comment,* January/February 2005.
[25] Harold W. Stevenson, "Learning from Asian Schools," *Scientific American,* December 1992.
[26] Joe Verghese, "Leisure Activities and the Risk of Dementia in the Elderly," *New England Journal of Medicine,* June 2003.
[27] Richard Powers, "Use It or Lose It: Dancing Makes You Smarter," Stanford University, July 30, 2010, http://socialdance.stanford.edu/syllabi/smarter.htm.

ブルへのインタビューによる。

第 3 章 アインシュタインの頭脳

[1] Dennis Overbye, Einstein in Love: *A Scientific Romance* (2000), 147. [邦訳『アインシュタインの恋』青土社]

[2] Jon Hamilton, "Einstein's Brain Unlocks Some Mysteries of the Mind," *Morning Edition,* NPR, June 2, 2010

[3] Dustin Grinnell, "That's So Special About Einstein's Brain," *Eureka,* May 7, 2012, http://crivereureka.com/einsteins-brain.

[4] Marian Diamond, "On the Brain of a Scientist: Albert Einstein," *Experimental Neurology,* April 1985, www.ncbi.nlm.nih.gov/pubmed/3979509; Dr. David Dubin, "Glia: The Cinderella of Brain Cells," Akashia Center for Integrative Medicine, www.akashacenter.com/resources/articles/glia-the-cinderella-of-brain-cells; N. Heins, "Glial Cells Generate Neurons: The Role of the Transcription Factor Pax6," *Nature Neuroscience,* April 2002, www.ncbi.nlm.nih.gov/pubmed/11896398.

[5] Overbye, 19-27.

[6] 同上書、49ページ。

[7] 同上書、62ページ。

[8] Marcus Raichle, "The Brain's Dark Energy," *Scientific American,* March 2010, 44-49; Stephen Wiedner, "Interview with UCSB　Psychology Professor Jonathan Schooler," *Noomii,* April 17, 2009, www.noomii.com/blog/174-interview-with-meta-awareness-professor-jonathan-schooler.

[9] アメリカ陸軍指揮幕僚大学(CGSC)における仕事、およびスティーブ・ロトコフ退役陸軍大佐とのインタビューによる。

[10] Office of Superintendent of Public Instruction, "Elementary and Secondary Education Act," www.k12.wa.us/esea; U.S. Department of Education, "Title I--Improving the Academic Achievement of the Disadvantaged," www2.ed.gov/policy/elsec/leg/esea02/pgl.html.

[11] National Commission on Excelence in Education, A Nation at Risk: *The Imperative for Educational Reform* (1983); Margaret A. Jorgensen and Jenny Hoffmann, "History of the No Child Left Behind Act of 2001 (NCLB),"

(2001).［邦訳『天才建築家ブルネレスキ――フィレンツェ・花のドームはいかにして建設されたか』東京書籍］

［18］James Hitchcock, *History of the Catholic Church: From the Apostolic Age to the Third Millennium* (2012), 243.

［19］Ruth Tenzler Feldman, *The Fall of Constantinople (Pivotal Moments in History)* (2007), 74.

［20］Herlihy, 49-50.

［21］Van Doren.

［22］W. P. Armstrong, "Drift Seeds and Drift Fruits," waynesword. palomar.edu/pldec398.htm.

［23］Forest Encyclopedia Network, "Fire Effects on Soil Nutrients," www.forestencyclopedia.net/p/p679.

［24］Katherine Harmon, "A Theory Set in Stone: An Asteroid Killed the Dinosaurs After All," *Scientific American,* March 4, 2010, www.scientificamerican.com/article.cfm?id=asteroid-killed-dinosaurs.

［25］2010年から2013年にかけての、スティーブ・ロトコフ退役陸軍大佐へのインタビューによる。

第 2 章　穏やかなカオス

［1］Ivars Peterson, "Trouble with Wild Card Poker," http://mathtourist.blogspot.com/2009/02/trouble-with-wild-card-poker. html; Presh Talwalkar, "Wild Card Poker Paradox," http://mindyourdecisions.com/blog/2010/05/25/wild-card-pokerparadox.

［2］Jason Fried, "Why I Gave My Company a Month Off," *Inc.,* August 22, 2012, www.inc.com/magazine/201209/jason-fried/why-company-a-month-off.html; Jessica Stillman, "Slow Business: The Case Against Fast Growth," Inc., September 18, 2012, http://www.inc.com/jessica-stillman/slow-business-fast-growth-is-not-good-for-the-company.html.

［3］John Reinan, "Why Gallup Hates Nate Silver," *Minnpost,* November 19, 2012, http://www.minnpost.com/business/2012/11/why-gallup-hates-nate-silver.

［4］Peter Keating, "Predicting the Future," *ESPN Magazine,* December 4, 2012.

［5］感染症対策についての一連の話は、2010年から2012年にかけてのリーサ・キン

注釈

はじめに ―― 結論

[1] 2010年9月から11月にかけておこなわれた、著者によるロン・リッチへの一連のインタビューによる。

第1章 カオスを巧みに活用する

[1] Peter Gay and R. K. Webb, *Modern Europe to 1815* (1973), 52; Walter S. Zapotoczny, "The Political and Social Consequences of the Black Death, 1348-1351" (2006), www.wzaponline.com/ Black Death.pdf, 2; Jack Weatherford, *Genghis Khan and the Making of the Modern World* (2004), 245.［邦訳『パックス・モンゴリカ――チンギス・ハンがつくった新世界』日本放送出版協会］

[2] David Herlihy, *The Black Death and the Transformation of the West* (1997),17.

[3] 同上書、51ページ。

[4] Weatherford, 158-59.

[5] Norman F. Cantor, *In the Wake of the Plague* (2001), 11-12.［邦訳『黒死病――疫病の社会史』青土社］

[6] 同上書、21ページ。

[7] Bristol Link, "The History of Bristol," www.Bristol-link.co.uk/history.

[8] Cantor, 2 1-22.

[9] Herlihy, 22.

[10] Charles Van Doren, *A History of Knowledge* (1992).［邦訳『知の全体史』法政大学出版局］

[11] Gay and Webb, 64.

[12] 同上書、20ページ。

[13] 同上書、60-69ページ。

[14] Herlihy, 60-70.

[15] Cantor, 206-7.

[16] Weatherford, 245.

[17] Ross King, *Brunelleschi's Dome: How a Renaissance Genius Reinvented Architecture*

著者略歴

オリ・ブラフマン
Ori Brafman

スタンフォード大学ビジネススクールでMBAを取得。組織行動学を専門とし、大企業のコンサルタントとして活躍。著書に"The Starfish and the Spider"(共著、邦訳『ヒトデ型組織はなぜ強いのか』ディスカヴァー・トゥエンティワン)、"Sway"(共著、邦訳『あなたはなぜ値札にダマされるのか?』日本放送出版協会)などがある。近年は米陸軍の訓練プログラムに関わり、意思決定過程にカオス理論を導入するための研究を行っている。

ジューダ・ポラック
Judah Pollack

リーダーシップ論を専門とし、カリフォルニア大学バークリー校ハース・ビジネススクールで講師を務めるほか、TEDxなどでも活躍。グーグル、SAP、オラクル社等の企業だけでなく、米軍特殊部隊や米陸軍と仕事をしている。戦場から帰還した兵士のケア・プログラムにも関わった。

解説者略歴

入山章栄

いりやま・あきえ

早稲田大学ビジネススクール教授。

1996年慶應義塾大学経済学部卒業。1998年同大学大学院経済学研究科修士課程修了。三菱総合研究所で主に自動車メーカーや国内外政府機関への調査・コンサルティング業務に従事した後、2003年に同社を退社し、米ピッツバーグ大学経営大学院博士課程に進学。2008年に同大学院より博士号(Ph.D.)を取得。同年よりニューヨーク州立大学バッファロー校ビジネススクールのアシスタント・プロフェッサーを経て、2013年9月より早稲田大学ビジネススクール准教授、2019年より教授。専門は経営戦略論および国際経営論。著書に『世界の経営学者はいま何を考えているのか』(英治出版)、『ビジネススクールでは学べない世界最先端の経営学』(日経BP)、『世界標準の経営理論』(ダイヤモンド社)。

訳者略歴

金子一雄

かねこ・かずお

1954年生まれ。東京外国語大学スペイン語学科卒業。翻訳家。

訳書に『大切なことはみんなピッチで教わった』(飛鳥新社)、『あなたの人生には使命がある』『お金で買えない「成功」と「幸福」の見つけ方』『人生の希望が見つかる50の贈り物』(以上、PHP研究所)、『信ずる心のすすめ』(講談社)、『お茶の巡礼』(河出書房新社)他、著書に『あなたも翻訳者になれる!』(PHP研究所)がある。

ひらめきはカオスから生まれる

発行日　2025年2月21日　第1刷

Author	オリ・ブラフマン　ジューダ・ポラック 解説　入山章栄
Translator	金子一雄
Book Designer	装丁：西垂水敦・内田裕乃（krran）／本文：市川さつき
Publication	株式会社ディスカヴァー・トゥエンティワン 〒102-0093　東京都千代田区平河町2-16-1 平河町森タワー11F TEL　03-3237-8321（代表）03-3237-8345（営業） FAX　03-3237-8323 https://d21.co.jp/
Publisher	谷口奈緒美
Editor	藤田浩芳
Store Sales Company	佐藤昌幸　蛯原昇　古矢薫　磯部隆　北野風生　松ノ下直輝 山田諭志　鈴木雄大　小山怜那　藤井多穂子　町田加奈子
Online Store Company	飯田智樹　庄司知世　杉田彰子　森谷真一　青木翔平　阿知波淳平 大﨑双葉　近江花渚　徳間凜太郎　廣内悠理　三輪真也　八木眸 古川菜津子　高原未来子　千葉潤子　川西未恵　金野美穂　松浦麻恵
Publishing Company	大山聡子　大竹朝子　藤田浩芳　三谷祐一　千葉正幸　中島俊平 伊東佑真　榎本明日香　大田原恵美　小石亜季　舘瑞恵　西川なつか 野﨑竜海　野中保奈美　野村美空　橋本莉奈　林秀樹　原典宏　牧野類 村尾純司　元木優子　安永姫菜　浅野目七重　厚見アレックス太郎 神日登美　小林亜由美　陳玟萱　波塚みなみ　林佳菜
Digital Solution Company	小野航平　馮東平　宇賀神実　津野主揮　林秀規
Headquarters	川島理　小関勝則　田中亜紀　山中麻吏　井上竜之介　奥田千晶 小田木もも　佐藤淳基　福永友紀　俵敬子　三上和雄　池田望 石橋佐知子　伊藤香　伊藤由美　鈴木洋子　照島さくら　福田章平 藤井かおり　丸山香織
DTP	有限会社マーリンクレイン
Printing	中央精版印刷株式会社

ISBN978-4-7993-3128-6